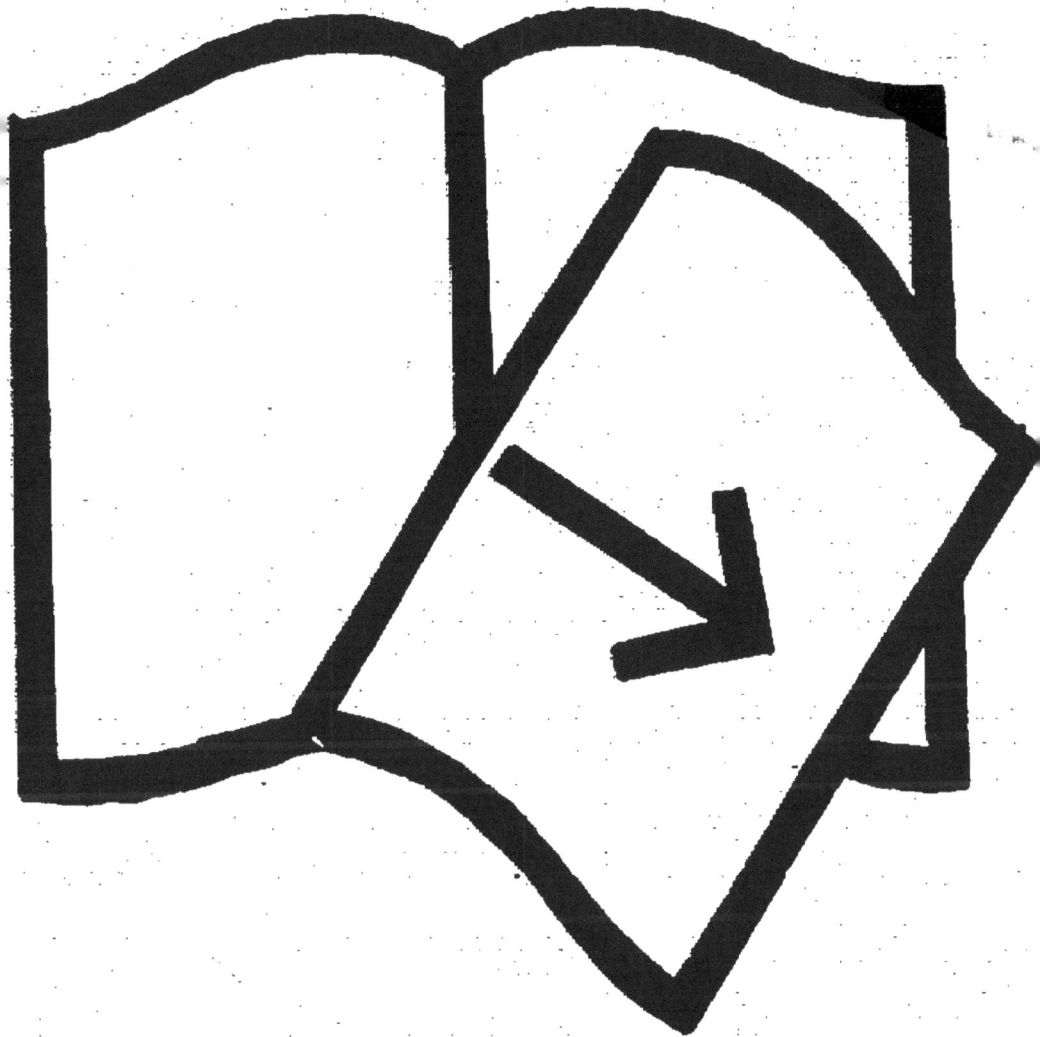

Couverture inférieure manquante

APERÇU

SUR

L'HISTOIRE POLITIQUE & RELIGIEUSE

DE L'ALSACE

depuis les temps les plus reculés jusqu'à nos jours

PAR

Fr. J. Ed. SITZMANN

OUVRAGE HONORÉ D'UNE MÉDAILLE A L'EXPOSITION
GÉOGRAPHIQUE ET SCOLAIRE DU TERRITOIRE
DE BELFORT 1876.

PAUL PÉLOT, Libraire-
Éditeur,

BELFORT

PLACE D'ARMES

BERGER-LEVRAULT, et Cie,
Libraires-Éditeurs
PARIS
RUE DES BEAUX-ARTS, 5
NANCY
RUE JEAN-LAMOUR, 11

1878

APERÇU HISTORIQUE

SUR

L'ALSACE

.

APERÇU

SUR

L'HISTOIRE POLITIQUE & RELIGIEUSE

DE L'ALSACE

depuis les temps les plus reculés jusqu'à nos jours

PAR

Fr. J. Ed. SITZMANN

OUVRAGE HONORÉ D'UNE MÉDAILLE A L'EXPOSITION
GÉOGRAPHIQUE ET SCOLAIRE DU TERRITOIRE
DE BELFORT 1876.

PAUL PÉLOT,
Libraire - Éditeur,

BELFORT

PLACE D'ARMES

BERGER-LEVRAULT, et Cie,
Libraires-Éditeurs
PARIS
RUE DES BEAUX-ARTS, 5
NANCY
RUE JEAN-LAMOUR, 11

1878

AVANT-PROPOS.

S'il est vrai comme l'a dit un auteur : Heureux est le peuple dont l'histoire est ennuyeuse ! on peut dire du pays dont nous entreprenons d'esquisser l'histoire, qu'il n'a guère connu ni le bonheur, ni le repos. En effet, quel coin de terre possède une histoire offrant un intérêt plus vif, une histoire plus capable de captiver l'attention et de nourrir la curiosité de l'historiographe, de l'archéologue, du numismate, de l'amateur de l'art héraldique, que celle de notre Alsace ? Où est le pays sur lequel on ait autant écrit, qui soit plus riche en documents de toutes sortes, chroniques, chartes, donations, relations, titres, mémoires, etc...? La beauté de son site et sa situation géographique sur les bords du

Rhin, en firent continuellement le théâtre des luttes les plus terribles et les plus sanglantes. Vaste champ de bataille que la barbarie, l'ambition, la cupidité, la haine ou la vengeance inondaient sans cesse de carnage et couvraient de ruines, elle vit toujours ses destinées agitées entre la Gaule et la Germanie, entre la France et l'Empire.

Dans ces derniers temps, combien les événements politiques n'ont-ils pas fait répéter le nom de l'Alsace ? Qui n'a désiré de connaître de plus près cette province, redevenue la pomme de discorde entre deux nations rivales de vieille date ? Demandez au touriste quelle douce souvenance il lui reste quand il a pu contempler des hauteurs l'immense panorama se déroulant à perte de vue devant l'œil enchanté et admirer ces riches campagnes, ces plaines fertiles, cette végétation puissante, cette nature plantureuse. Qui n'a été pris d'une rêverie mélancolique en foulant le sol où gisent les ruines imposantes de ces manoirs féodaux aux souvenirs chevaleresques, les débris épars de ces autres monuments, souvenirs monastiques, qui furent les asiles sacrés de la prière, de la vertu et du génie, témoignant, les uns de l'ardeur guerrière, les autres de la foi héroïque de nos pères ?

Voici le tableau enchanteur que l'auteur de l'*Alsatia illustrata* nous trace de ce beau pays : « Des sommets de ces hauteurs et sur quelque point que se porte le regard, au Midi, au Nord ou au Levant, l'œil étonné contemple l'Alsace, le Palatinat, l'Ortenau, le Brisgau jusqu'à la Forêt-Noire. L'imagination du poëte, le pinceau du peintre concevraient à peine un spectacle plus sublime, tant sont grandes la variété, la beauté des sites, la multitude des richesses qui y sont déroulées. Sur un ciel serein, les crêtes du Jura, les Alpes helvétiques, le Botzberg, la Baar, se détachent de l'horizon, coloré par les teintes bleuâtres de cette forêt hercynienne, qui se déroule presque parallèlement à nos montagnes, tandis qu'à leurs pieds, dans une vaste plaine d'une admirable fertilité, se dessinent douze villes ou cités et plus de deux cents villages. Bacchus et Cérès semblent se disputer la campagne : ici le sol est entrecoupé de prés verdoyants, à travers lesquels des rivières, des ruisseaux sinueux font serpenter leurs méandres ; là, il se couvre d'épaisses forêts dont l'aspect enchante ou glace d'épouvante. Puis, au milieu de ce magnifique tableau, le Rhin, roulant ses flots au pied de nos montagnes, enlace la vallée qu'il semble ne pouvoir quitter. » (SCHŒPFLIN. *Als. ill.*).

Ce court *Aperçu* résume en peu de chapitres les ouvrages volumineux écrits sur cette riche matière : aucun événement de quelque importance n'a été passé sous silence. Puisse-t-il contribuer à faire aimer de plus en plus notre belle Alsace ! Puisse-t-il animer ses enfants à garder fidèlement les traditions de piété et de vertu, de courage et de dévouement que leur ont léguées leurs ancêtres ! Puisse-t-il enfin les remplir de la noble et légitime fierté d'être et de se dire toujours les fils dévoués et fidèles de la **catholique Alsace !**

APERÇU

SUR

l'Histoire politique et religieuse

DE

L'ALSACE

CHAPITRE I.

L'ALSACE SOUS LA DOMINATION ROMAINE.

Située entre la chaîne des Vosges, qui la borne à l'Ouest, et le Rhin, qui fait limite à l'Est, l'Alsace étend ses belles et fertiles plaines sur une longueur de 180 à 200 kilomètres, depuis les frontières suisses jusqu'à la petite rivière de Lauter, qui la sépare du Palatinat au Nord, et compte dans sa plus grande largeur 60 kilomètres. Son nom lui vient, selon toute probabilité, de *Ate* ou *Elle* (rivière de l'Ill) et du vieux mot allemand *Sass* (habitant, riverain) (SCHŒPFLIN. *Als. ill.* p. 35.)

Son histoire n'offre rien de certain sur les peuples qui habitaient ce pays avant l'arrivée de César dans les Gaules. A cette époque, on y trouva établis les *Rauraques*, les *Séquaniens* et les *Médiomatriciens*, tous d'origine Celte. Les premiers habitaient la Haute-Alsace, les derniers la Basse-Alsace, et les Séquaniens occupaient cette partie du Sud dont *Vesontio* (Besançon) était la capitale et qui dépendait entièrement de la Gaule celtique.

Une guerre ayant éclaté entre les Eduens et les Séquaniens, ceux-ci demandèrent du secours à *Arioviste*, roi des Suèves. Le Barbare à la tête de ses Germains, (Harrudes, Marcomans, Triboques, Vangions, Nemètes, Séduciens,) franchit le Rhin, attaqua et défit les Eduens sur la Saône, (64 av. J.-C.); mais pour prix de sa victoire, il exigea le tiers du territoire de ses alliés, c'est-à-dire tout le pays situé entre le Doubs et la Saône. Désabusés par le malheur, les deux peuples rivaux se rapprochèrent et invoquèrent la médiation de Jules César, le vainqueur des belliqueux Helvètes. Rapide comme l'aigle dont l'image se déployait sur les enseignes des redoutables légions, le proconsul fond sur les Alémans, les écrase dans une bataille meurtrière (entre le Rhin et Belfort, note I), et refoule leurs faibles débris au delà du Rhin. Toute la Haute-Alsace passe sous la domination du vainqueur, et peu après la Basse-Alsace subit le même sort (58 av. J.-C.)

La civilisation qu'apporta Rome aux provinces en échange de leur indépendance, ne fut qu'un dédommagement éphémère. Aussi bientôt toute la Gaule court aux armes pour secouer un joug qu'elle déteste ; plusieurs légions romaines éprouvent d'affreux revers. Partout l'aigle altière est abattue par le fier Gaulois au cri enthousiaste de *liberté!* César paraît, et avec César la victoire. Vaincu d'abord à Gergovie et poursuivi jusqu'à la Saône par le jeune *Vercingétorix*, de la tribu des Arvernes, le vaillant Romain, secondé par son audace autant que par son habileté, fait subir un échec formidable à son noble adversaire ; et la prise d'Alésia, dernier boulevard d'une nationalité expirante, met la Gaule à ses pieds victorieux. Du même coup est abattue la rébellion des Rauraques, des Séquaniens et des Médiomatriciens. Vercingétorix, le héros malheureux, après avoir orné le triomphe de son fortuné vainqueur, expia, dans les sombres prisons de Rome, son amour de la liberté et de la patrie (46 av. J.-C.)

Après la bataille d'Actium (30 av. J.-C.), Auguste visita la Gaule. Il établit sur le Rhin des légions et des colonies, assura aux cités leurs droits de municipalité, ouvrit des voies de communications (note II.) et changea la division territoriale jusque-là distinguée en *Narbonnaise, Aquitanique, Celtique* et *Belgique (Comment. de bell. gall. I. 1).* D'après cette nouvelle subdivision, la Belgique fut séparée des provinces situées sur la rive gauche du Rhin, lesquelles prirent les noms de *Germanie supérieure* et *Germanie inférieure.* La Basse-Alsace fut comprise dans la première qui s'étendait jusqu'au delà de *Moguntia* (Mayence), et la Haute-Alsace continua à faire partie de la Séquanaise, dépendante de la province lyonnaise.

Drusus, fils de l'impératrice Livie, reçut le gouvernement de la Celtique et des deux Germanies. Ce prince, doué des plus aimables qualités, mourut d'une chute de cheval à 30 ans, et fut enterré à Mayence. Son fils *Germanicus* lui succéda. Pour arrêter les incursions des Barbares, ce jeune guerrier fit construire sur le Rhin cinquante forts dont la garde fut confiée à huit légions (16 ap. J.-C.). Il vengea aussi la défaite de Varus au Teutoberger-Wald. L'attachement que lui montraient les légions du Rhin, excita la jalousie de l'empereur Tibère, et Germanicus fut appelé au commandement des légions de l'Orient, où il mourut empoisonné à Antioche, par Piso, gouverneur de la Syrie, en 19.

C'est l'époque qui vit s'élever les premières cités fortifiées de la province, dont nous trouvons les noms dans l'*Itinéraire d'Antonin* et la *Table Théodosienne*: *Cambes* (Kembs), *Stabulum* (Bantzenheim), *Larga* (Largitzen), *Gramatus* (environs de Belfort), *Urunci* (Illzach ? Rixheim ?), *Mons-Brisiacus* (Brisach alors sur la rive gauche du Rhin), *Olino* (Horbourg), *Argentouaria* (Ohnenheim?), *Helvetus* (Ell), *Altitona* (Hohenbourg), *Argentoratum* (Strasbourg), *Saletia* (Seltz), *Concordia* (Lauterbourg?, Altstadt ?), *Noviertum* (Ebermunster), *Brucomagnum* (Brumath), *Tres-Tabernæ* (Saverne); la crête des Vosges se couronna de châteaux-forts et de camps retranchés dont on retrouve encore des vestiges.

Sous les successeurs d'Auguste, la révolte troubla souvent le repos des provinces. L'empire, offert à un

soldat heureux ou vendu au plus offrant, tombé dans
le mépris, n'inspira bientôt plus de respect, encore
moins de crainte aux peuples frémissant sous
le joug.

Sous Vespasien, en 70, les *Triboques* (*Triboces* de
César, *Tribochi* de Strabon) de la Basse-Alsace
se soulevèrent. Les légions stationnées en Belgique, séduites par Claudius Civilis, noble Gaulois,
se rendirent sans combattre. Du Midi au Septentrion,
de Bâle à Mayence, tout fut livré aux flammes,
et l'Alsace ne présenta plus qu'une affreuse solitude.
Les Séquaniens, restés fidèles aux Romains, con-
tribuèrent puissamment à la pacification du pays. Cette
levée de boucliers fut le dernier effort tenté par les
vaincus pour secouer le joug du vainqueur. A partir
de cette époque, ils se rangèrent docilement sous les
lois de Rome ; la prospérité publique s'augmenta rapidement pendant des années de profonde paix.

La migration des Barbares, comme un torrent dévastateur, submergea (III⁰ siècle) l'Alsace et la livra de
nouveau aux horreurs de la guerre et de la famine :
toujours repoussé, toujours le flot s'accrut. En 277,
l'empereur *Probus* vint se mettre à la tête des légions
du Rhin ; il défit les Barbares en plusieurs combats
sanglants, leur tua près de 400,000 hommes, délivra
soixante-dix villes de leurs incursions, reçut l'hom-
mage de neuf rois vaincus et refoula les envahisseurs
au-delà du Rhin et du Neckar. Ce fut Probus qui
introduisit en Alsace la culture de la vigne.

Dès l'aurore du christianisme, la croix fut plantée sur

les bords du Rhin. Saint Materne, accompagné des saints Euchère et Valère, vint apporter la *bonne nouvelle* en Alsace. La mort étant venue interrompre le cours de ses prédications à Helvétus, près Benfeld, il fut, d'après une pieuse tradition, ressuscité par la vertu du bâton pastoral de saint Pierre, miracle qui convertit beaucoup de païens. Le zélé apôtre bâtit les premiers oratoires d'Alsace, entre autres ceux de Saint-Pierre-le-vieux à Strasbourg et de Dompiéter à Avolsheim, gouverna ensuite l'église de Trèves après saint Euchère et saint Valère, et mourut sur le siége de *Colonia Agrippina* (Cologne).

Enfin le christianisme s'assit sur le trône dans la personne du grand *Constantin* (312). Ce prince, fils de Constance Chlore, avait succédé à son père dans le gouvernement de la Germanie. A Trèves, il reçut les premières notions de la religion du Christ. Le farouche Maxence régnait alors à Rome. Ce tyran, jaloux de Constantin qui était l'idole de ses soldats, ne songea qu'à le dépouiller de la pourpre. Constantin partit de Trèves avec son arm·e pour marcher sur Rome. Soudain, vers midi, nous rapporte Eusèbe, par un temps calme et serein, une croix lumineuse apparaît au firmament avec l'inscription: *In hoc signo vinces!* (note III). Maxence, vaincu, se noie dans le Tibre. Constantin rétablit l'ordre dans l'empire et rend la paix à l'Eglise. « Quand, après trois siècles de tortures, Constantin vit dans l'air le *Labarum*, c'était le sang des chrétiens qui avait germé dans l'ombre, qui était monté comme une rosée jusqu'au ciel, et qui s'y déployait sous la forme de la croix triomphante. » (P. LACORDAIRE.)

Vers 340, saint Amand illustra le siége d'Argentorat comme premier évêque. Ce saint fit évangéliser toutes les parties de la province; il assista aux Conciles de Sardique (344) contre les Ariens, et de Cologne (346) où l'évêque Euphratès fut déposé comme arien et blasphémateur. A ces mêmes synodes prit part Justinien, évêque d'Augusta-Rauracorum, dont la juridiction s'étendait sur les Rauraques et les Séquaniens.

Constantin meurt (337). Sous les faibles successeurs de ce prince, l'Alsace vit reparaître les Barbares. Julien l'Apostat, envoyé dans cette province par l'ombrageux Constance, reprit Saverne dont les Alémans avaient renversé les murs, et rejeta les envahisseurs au delà du Rhin. Mais peu après ils revinrent sous la conduite de *Chnodomaire* et campèrent dans la plaine d'Argentorat. Julien les y vint attaquer. La victoire fut longtemps disputée. Enfin la valeur bouillante et la tactique des Romains l'emportèrent malgré le nombre. Les Barbares furent écrasés. « Le Rhin, dit l'emphatique Ammien Marcellin, écumait de sang barbare, changeait de couleur et s'étonnait de gonfler. » Chnodomaire, voyant son armée anéantie, dispersée, ne voulut pas quitter ces bords si souvent témoins de ses hauts faits et de sa gloire. Il reprit avec ses fidèles le chemin de son camp retranché. Voulant passer un fossé, son cheval fit une chute et s'embourba dans la vase. Le roi se releva et gagna une colline voisine où les Romains le poursuivirent. L'impression que le Barbare fit sur ceux-ci, fut telle qu'ils n'osèrent l'attaquer et se contentèrent de blo-

quer la colline. La fatigue et la faim le livrèrent
entre leurs mains avec deux cents de ses compagnons, et Chnodomaire périt dans une prison au
mont Cœlius à Rome (360). Cette mémorable victoire accorda quelque repos au malheureux pays.

En 365 et 366, les hordes alémanes fondirent de
nouveau sur les Germanie, mais elles furent battues à
trois reprises dans les plaines de Châlons et refoulées par
Jovin, général de Valentinien I⁰ʳ. Trois années après,
Valentinien vint lui-même visiter les bords du Rhin,
et fortifier les points les plus vulnérables du fleuve.
Les hauteurs dans notre province furent de nouveau
couronnées de castels et de tours d'observation ; un
fort fut érigé près de Mannheim pour commander le
Rhin et le Neckar. Désireux de la paix, l'empereur se
rendit, en juillet 374, de son castel *Robur* (à l'emplacement actuel de la cathédrale de Bâle) à Mayence
où il fit une convention avec Macrien, chef des
Alémans. Cependant la paix dura peu. Dès 378, les
incursions des Barbares sur le territoire de l'Empire
recommencèrent. Gratien, fils de Valentinien, les attaqua avec vigueur, et tua plus de 35,000 hommes aux
Lentiens, conduits par leur roi *Priaire*, qui périt dans
cette sanglante mêlée, sous les murs d'*Argentaria*,
(note IV.) L'ordre et la paix renaissaient partout, quand
le gouverneur de Lyon fit assassiner le prince, son
maître, dans un repas splendide.

L'Empire ne présenta bientôt plus que le triste spectacle d'un cadavre glacé dont les vautours se disputaient les lambeaux. Le dernier jour de l'an 405, les Bar-

bares, formant une armée de cent peuples divers se poussant, se heurtant, se croisant, firent irruption de toutes parts. Odoacre, chef des Hérules, se fit proclamer roi à Rome ; les Alains, les Vandales se précipitèrent sur les Gaules, les Bourguignons se ruèrent sur les deux Germanies qu'ils saccagèrent ; les Suèves inondèrent l'Espagne ; les Visigoths s'établirent dans l'Aquitaine ; les Francs, quittant les bords du Neckar, passèrent le Rhin, se rendirent maîtres de la première Germanie, depuis Mayence jusqu'à Bâle. Ainsi dès 420, l'Alsace avait secoué le joug tyrannique de ses proconsuls.

Au V° siècle, une nouvelle tempète vint fondre sur cette province. Le farouche *Attila,* à la tête de ses bandes sauvages et féroces, promena partout l'incendie et la mort. Sous ses pas l'Alsace devint un affreux désert. *Augusta Rauracorum* (Augst près Bâle) fut renversé de fond en comble, Helvétus fut saccagé, Argentouaria se vit changer en un monceau de ruines ; le florissant Argentorat fut horriblement maltraité. Moguntia. Trevirorum, (Trèves,) éprouvèrent la fureur sauvage du Scythe ; Divodurum (Metz), qu'une résistance plus opiniâtre et plus longue désigna plus particulièrement à la vindicte du Barbare, vit une partie de ses habitants égorgée, l'autre partie traînée en esclavage.

Dans son orgueil, Attila disait de lui-même : «L é-toile tombe, la terre tremble ; je suis le marteau de l'univers. L'herbe ne croît plus, partout où le cheval d'Attila a passé. » Mais l'orgueil du *fléau de*

Dieu alla se briser dans les champs catalauniques
(plaines de Châlons) où 200,000 cadavres Huns témoi-
gnèrent de l'ardeur de la lutte (451). Attila fit sa
retraite par l'Alsace, où ses bandes exaspérées, comme
un terrible ouragan, amoncelèrent pour la seconde fois
les ruines.

Ce fut là le dernier effort du flot expirant du
torrent dévastateur qui avait submergé et morcelé
l'empire des Césars. Religion, civilisation, monuments
de la grandeur romaine, arts, sciences, tout est à terre.
Ces invasions terminent l'histoire du monde romain ;
de ces décombres va surgir un monde nouveau ; une
société pleine de foi et de religion va s'asseoir sur les
ruines du paganisme.

CHAPITRE II.

Harcelée sans cesse, inondée, ravagée par les hordes barbares, l'Alsace tomba en partie au pouvoir des Alémans lesquels cherchaient à s'y asseoir solidement. *Clovis*, chef des Francs-Saliens, la leur arracha par la sanglante et décisive bataille de *Strasbourg* (496). Cette victoire, où le prodige était palpable, ouvrit les yeux du monarque païen, le Dieu de Clotilde devint le Dieu des Francs. Dès-lors le christianisme qui, depuis saint Materne et saint Amand, avait subi tant de vicissitudes dans la vallée du Rhin, recommença à y fleurir. Clovis lui-même jeta les fondements de *Notre-Dame de Stratibourg* (note V), au lieu même où un bois sacré avait souvent vu couler le sang humain sur les autels des divinités druidiques (504).

A sa mort, arrivée en 511, l'Alsace échut en partage à son fils aîné, *Thierry*, roi de Metz ; puis elle passa à *Clotaire I*, qui recueillit l'héritage de ses frères.

Sous Sigebert, fils de ce dernier, les noms de Rauraques, Séquaniens, Médiomatriciens, Triboques, disparurent, et elle prit son nom actuel. Le chroniqueur *Frédégaire*, qui écrivait un peu plus tard, vers 640, appelle les habitants de ce pays *Alesaciones* ou *Alsacios*.

Childebert II vint fixer son séjour à *Marulegium* (Marlenheim). C'est dans ce castel que *Septiminia*, nourrice des enfants du roi, convaincue de conspiration contre le prince, fut condamnée à moudre la farine pour les femmes attachées au gynécée du palais (589). L'année suivante on y arrêta les assassins soudoyés par Frédégonde.

C'est ici qu'il faut placer la fondation de l'abbaye de *Gottenhausen* par saint Léobard, disciple de saint Colomban. Ce monastère, le plus ancien de l'Alsace, fut transféré par l'abbé Maur dans un nouveau local qui prit le nom de *Maurus monasterium* (Marmoutier) (590.)

Childebert II mourut en 596, laissant ses Etats à ses deux fils *Théodebert* et *Thierry II*. Le premier fut roi d'Austrasie, le second eut la Bourgogne avec l'Alsace. Cette dernière province, qui faisait partie de l'Austrasie et qui n'en avait été détachée que parce que Thierry y avait vu le jour et y avait été élevé, devint le sujet d'une lutte fratricide. Surpris et vaincu par son frère, Thierry céda, par un acte daté de Seltz (610), l'Alsace ainsi que les *Suggentenses*, les *Turenses* et les *Campanenses* (FRÉDÉGAIRE) (note V). Cette paix dura peu. La guerre s'étant rallumée de nouveau, les troupes des deux frères en vinrent aux mains dans les plaines de Toul. Vaincu, Théodebert se replia sur Cologne ; Thierry l'y suivit, lui livra une sanglante bataille près de Zulpich (612), le battit une seconde fois et même se rendit maître de sa personne. Livré à Brunehaut, l'infortuné prince fut impitoyablement massacré, et le roi de Bourgogne reprit l'Alsace et s'empara de toute l'Austrasie. Le vainqueur allait arracher la Neustrie à Clotaire II, quand il mourut à Metz, en 613.

Cette mort réunit de nouveau toute la monarchie de Clovis sous un même sceptre. Clotaire II vint, avec son épouse Berthetrude, habiter la villa de Marlenheim, où il s'appliqua à panser les plaies causées par la guerre civile. « Dès lors, dit l'abbé Drioux, le roi s'environne d'un conseil composé d'évêques, assistés de moines, de clercs, d'archidiacres, des abbés et chapelains du palais. Ce conseil siégera avec les leudes aux champs de Mars et aux assemblées royales, aux malls et aux plaids, il deviendra le centre des affaires importantes, fera respecter la religion et la royauté, et étendra son action sur tout ce qui relève de la juridiction civile et ecclésiastique ». Son règne fut un règne de justice et de paix ; il mourut en 628.

Dagobert Ier, son fils, qui régnait sur l'Austrasie depuis 622, succéda à son père dans le gouvernement de toute la monarchie franque. L'évêché de Strasbourg, qui, depuis les invasions, avait été administré par des évêques-moines sous la juridiction des évêques de Metz, fut rétabli par ce prince ; il en fut de même de celui de Spire. Dagobert fonda aussi le monastère de Wissembourg, qui devint une pépinière de science et de vertu. Il mourut en 638 et laissa le trône d'Austrasie à son fils Sigebert III.

En 630, Dagobert Ier avait fait de la Thuringe un duché et en avait donné l'investiture à Radulfe. Cependant le duc oublia bientôt ce qu'il devait à son seigneur et suzerain, et n'attendit que la mort du roi pour se révolter contre son fils et successeur, et se déclarer indépendant (640). Sigebert marcha contre le vassal rebelle; mais le sort des armes lui fut contraire, et il revint après avoir perdu dans cette expédition plusieurs de ses plus fidèles compagnons, parmi lesquels se trouva le comte Enovalus de Sogintense.

Erigée en duché, l'Alsace eut pour premiers ducs Gondon et Boniface. Vers 670, elle fut donnée par Childéric II à Attic ou Adalric (note VII). Le duc fixa son séjour à Obernai et à Hohenbourg, avec son épouse Béreswinde. Désireux d'avoir un héritier, Attic, d'un caractère altier, cruel et vindicatif, fut exaspéré quand son épouse donna le jour à une fille aveugle. La malheureuse mère, craignant pour son enfant, se hâta de l'envoyer à Scherwiller, puis la fit transporter à Beaume-les-Dames, où la petite Odile recouvra la vue dès que le saint évêque Erard eut touché son front des eaux baptismales. Ornée des plus précieuses qualités du cœur, de l'esprit et du corps, la jeune vierge revint, sur les instances de son frère Hugues, au castel paternel. Le duc, du haut de son manoir de Hohenbourg, voyant la foule joyeuse faire cortége à la fille de son seigneur, apprit de son fils le sujet de cette fête, et, dans un accès de fureur, blessa mortellement Hugues. Cependant le farouche Attic se calma à la vue des grâces de sa fille, et son cœur s'ouvrit aux sentiments paternels. Plus tard, Odile eut de grands combats à soutenir pour pouvoir se consacrer à Dieu, son père voulant la fiancer à un seigneur voisin. Le castel fut converti en un monas-

tère ; au pied de la montagne la pieuse vierge fonda Nie-
dermûnster, où elle se plut à soigner de ses nobles mains
les malades et les infirmes. A sa mort (720), ces deux
maisons furent administrées par Eugénie et Gundelinde,
filles du duc Adalbert, et nièces de sainte Odile. Toutes les
deux moururent en odeur de sainteté. Aujourd'hui
Hohenbourg, mieux connu sous le nom de Mont Sainte
Odile, est un pélerinage des plus fréquentés en l'honneur de la Patronne de l'Alsace.

Adalric se trouva mêlé à toutes les guerres et querelles de la société mérovingienne. Dès 684, il avait
associé son fils Adalbert au gouvernement du duché.
En 687, les leudes neustriens, fatigués de supporter le
joug odieux du maire du palais Bertaire, homme faible, mais grossier et violent, se retirèrent auprès de
Pépin d'Héristal. Le duc d'Alsace et son fils contri-
buèrent beaucoup à la victoire de Testry qui fut le
triomphe de l'Austrasie sur la Neustrie. En 689, Pépin
marchant contre le valeureux duc d'Alémanie, Gotfried, passa par l'Alsace où le duc Attic le reçut avec
honneur et l'accompagna dans cette expédition.

Peu après, le noble duc, dont la foi avait brisé
l'orgueil, se retira avec son épouse à Hohenbourg, où il
rendit bientôt son âme en paix entre les bras de sa
sainte fille (689). On admire encore aujourd'hui son
sarcophage conservé dans l'église du pélerinage de
Sainte-Odile.

Cette époque vit s'élever les abbayes de Confluentes,
fondée par des disciples du pape saint Grégoire, d'où
elle reçut le nom Gregorienthal (Münster) (660); d'Eber-

munster, fondée par saint Déodat (667) ; de Surbourg
et de Haslach, de Saint-Sigismond, de Saint-Thomas
(à Strasbourg), fondées par Dagobert II et sa pieuse
épouse, Mathilde. Saint Sigismond, aujourd'hui Saint-
Marc, derrière Gueberschwir, fut la dernière œuvre et
la plus chère des fondations de Dagobert : cette maison reçut de la munificence du prince le vénéré chef
du roi-martyr de Bourgogne dont elle prit le nom.

Dès lors, l'Alsace changea de face. Les vastes ter-
rains cédés aux religieux par la générosité royale
furent défrichés, les marais desséchés, les cours d'eau
régularisés, les contrées sauvages et stériles changées
en riants jardins. « Les moines, dit Montalembert, ont
rendu au monde, à la société temporelle, des services
signalés ; au milieu des désordres et des ténèbres qui
suivirent la chûte de l'empire romain, ils ont été le
phare qui indiquait aux peuples nouveaux, à vingt gé-
nérations successives, la lumière, la sécurité et la
paix. Ils ont défriché la moitié de l'Europe, de la France
surtout, où plus de cinquante villes, actuellement exis-
tantes, doivent leur existence, leur nom même, à des
moines. Ces mêmes hommes, qui maniaient si vigoureusement la pioche et la charrue, rentraient dans leur
cellule pour y cultiver toutes les branches de l'esprit
humain. Ils nous ont conservé le dépôt et la tradition
de toutes les sciences, tous les manuscrits des littéra-
tures antiques, toutes les chartes et tous les documents de notre histoire nationale, en un mot, tous les
éléments de cette culture intellectuelle, où leurs ennemis vont chercher des armes contre eux. En outre, ils

ont semé sur le monde des monuments gigantesques, dont les seules ruines excitent encore la surprise et l'admiration. » (Disc. à la Chambre des pairs du 8 mai 1844.)

Dagobert II avait fait de l'Alsace son séjour favori : la province devint florissante sous ce monarque. Rouffach, Colmar, Sierentz, Schlestadt, Kœnigshoffen, Marlenheim, Kirchheim, Seltz, devinrent résidences royales. C'est au château d'*Isenbourg*, près de Rouffach, que l'évêque saint Arbogaste rendit la vie et la santé à Sigebert, fils de Dagobert, blessé mortellement par un sanglier à la chasse dans la forêt d'Ebersheim. Le roi, plein de reconnaissance, céda à l'évêque le château d'Isenbourg avec les domaines environnants, ce qui constitua le Haut-Mundat (*imunes*, libre de toute redevance). Ce fut là l'origine de la souveraineté temporelle des évêques de Strasbourg.

Saint Arbogaste mourut en 679, et eut pour successeur son ami Florent, qui vivait retiré au pied du Ringelsberg, dans la vallée de la Hassel. Ce pieux évêque rendit l'ouïe et la parole à Rathilde, fille de Dagobert, et reçut, en témoignage de profonde gratitude, de vastes terres où le saint fit bâtir l'église et l'abbaye de Haslach : les fidèles y viennent aujourd'hui vénérer les restes précieux du glorieux pontife.

Cette même année, Dagobert périt avec son fils sous le poignard d'un assassin soudoyé par Ebroïn, maire du palais de Neustrie. L'Eglise fait sa fête le 23 décembre.

Le VIIIe siècle vit naître les monastères de Saint-

Etienne, fondé par le duc Adalbert, et dont sainte Attala, sa fille, fut la première abbesse ; de Neuviller, de Massevaux, fondé par Mason, petit-fils d'Attic, en mémoire d'un fils noyé dans la Doller ; de Mu.. ch (*vicarius peregrinorum*), fondé par le comte d'Alsace Eberhard et saint Firmin, et dont les abbés devinrent princes du Saint-Empire : Alcuin y séjourna ; de Lautenbach ; d'Erstein, fondé par Irmingarde, épouse de Lothaire ; de Saint-Hippolyte et de Liépvre, fondés par saint Fulrade, abbé de Saint-Denis (note VIII).

Le duc Adalbert mourut en 722 des suites d'une blessure que lui avait portée traîtreusement un de ses serviteurs. Son fils Luitfried Ier lui succéda.

A cette époque, la plus épouvantable tempête menaçait la chrétienté toute entière. Les Sarrazins franchirent les Pyrénées, envahirent les Gaules et s'avancèrent jusqu'à Besançon. Charles-Martel, qui avait succédé dans la mairie du palais à son père Pépin-d'Héristall, rassembla ses guerriers pour opposer une digue à Islam. « Durant tout l'été de 732, dit H. Martin, les clairons romains et les trompettes germaniques retentirent dans les contrées de la Neustrie et de l'Austrasie. Les plus impénétrables marécages de la mer du Nord, les plus sauvages profondeurs de la Forêt-Noire vomirent des flots de combattants à demi-nus qui se précipitèrent vers la Loire à la suite des lourds escadrons austrasiens bardés de fer. Cette masse énorme de Francs, de Teutons et de Gallo-Romains passa la Loire à Orléans et parut en vue des Arabes, sous les murs de Poitiers, dans le courant d'octobre 732. » Sans nul doute, le duc Luitfried figura noblement, avec son contingent de guerriers alsaciens, dans l'armée des « Européens », selon l'expression d'un chroniqueur contemporain. Abdéramme et l'élite de ses compagnons furent broyés sous la charge impétueuse des Austrasiens ; 375,000 Sarrazins jonchèrent le sol. Cette victoire, en sauvant la chrétienté, donna la puissance absolue à Charles.

Les ducs d'Alsace avaient peu à peu agrandi leur puissance, quand Charles, à la mort de Luitfried Ier, (750) supprima le duché pour le réunir à la couronne, et le fit gouverner par des comtes appelés *landgrafs* (note IX) : Luitfried II ne porta plus que le titre de comte.

Sous l'empire de Charlemagne, l'Alsace jouit d'une paix profonde. Seule, la révolte d'Odilon de Bavière et de Thiébaut de Souabe troubla un instant cette province. Battus par Charles, ils furent privés de leur dignité, et l'empereur vint passer l'hiver de 775 à Schlestadt.

Les capitulaires de Charlemagne organisèrent à nouveau les terres soumises à son vaste empire, et le partagèrent en *gaue* ou *pagi* (districts, comtés, comitats). L'Alsace forma dès lord le Nordgau et le Sundgau. A la tête du district se trouvait placé le *gaugraf* (comte) qui en était le juge naturel. Les comtés étaient divisés en *centuries* administrées par le *centgraf*. Les *sendgrafs* (*missi dominici*) étaient des officiers chargés d'inspecter les provinces, de veiller sur les biens domaniaux, de réunir et de présider les diètes provinciales, de faire leur rapport sur l'administration des comtes. En outre, il y avait le *burggraf*, gouver-

neur d'un castel impérial, le *pfalzgraf*, comte palatin
(*comes palatii*) : celui-ci était le premier dignitaire de
l'empire ; grand-justicier, il présidait les cours de justice. Le comte palatin du Rhin sera plus tard investi
du titre de vicaire de l'empire. Malgré le décousu qui
règne dans le recueil des capitulaires ou ordonnances,
on est forcé d'admirer le génie du grand monarque
dont la sollicitude s'étendait sur des peuples de langue et de race si diverses.

A son retour de Rome (800), le pieux prince fit don
à l'église de Strasbourg de plusieurs riches reliques ;
il reconstruisit la cathédrale, dont on admire encore le
chœur, qui, sel on toute apparence, date de cette époque.

Louis Ier le Débonnaire, son fils et successeur, fit,
en 817, le partage de ses Etats entre ses fils : l'Alsace
échut à Lothaire. Plus tard, le faible empereur voulant
revenir sur ce partage en faveur de Charles, son plus
jeune fils, de sérieuses mésintelligences éclatèrent entre le père et ses enfants. Le pape Grégoire IV vint
lui-même en Alsace pour tenter d'opérer la réconciliation. Pendant les pourparlers, les fils débauchèrent les
troupes du père, et le prince infortuné, indignement
trahi, dépouillé de sa couronne, prisonnier de son fils
Lothaire, fut relégué à Marlenheim, de là conduit à
Metz, puis enfermé dans l'abbaye de Saint-Médard, à
Soissons. Le lieu où cette noire trahison fut ourdie, est
situé dans la plaine de Colmar, arrosé par le Logel-
bach, et garde depuis le nom de *Lügenfeld* (Champ
du mensonge) (note X.).

A la mort de Louis Ier, en 840, Lothaire aspira au gouvernement de toute la monarchie; mais la sanglante bataille de Fontenay (841), où Charles et Louis le défirent, arrêta ses projets ambitieux. Ces deux derniers se réunirent alors à Strasbourg, où, en présence de leurs armées, ils se vouèrent, par serment, une amitié inviolable. Le serment qu'ils prononcèrent à cette occasion, est le plus ancien monument des langues romane et tudesque que nous possédions (note XI). Des joûtes militaires, origine des futurs tournois, eurent lieu à Strasbourg pour célébrer cet événement.

Lothaire s'humilia, rentra dans l'amitié de ses frères; et, le traité qui fut conclu à Verdun, en 843, confirma la dignité impériale à Lothaire, et lui donna l'Alsace : on excepta toutefois le pays de Spire, Worms et Mayence, qui devaient revenir à Louis, à cause de la culture de la vigne, *propter vini copiam*. Il mourut en 855, laissant ses Etats à ses trois fils Charles, Louis et Lothaire II. Ce dernier eut les provinces situées entre la Meuse, l'Escaut et le Rhin, lesquelles prirent le nom de *Lotharingia* ou Lorraine.

Lothaire II s'unit par le mariage à Theutberge, sœur de Hubert, duc de Bourgogne, et fille du comte Boson, princesse qu'il repoussa bientôt pour Waldrade, sa concubine, avec laquelle il vivait dans sa résidence de Marlenheim. Il rétablit le duché d'Alsace en faveur de Hugues, fils de Waldrade. Son épouse légitime s'étant retirée auprès de son père en Bourgogne, il se maria publiquement avec Waldrade, grâce à la coupable facilité de quelques évêques. Mandé à Rome par le pape

Nicolas Ier, le prince parjure mourut à son retour, de
mort subite, à Plaisance, et Charles-le-Chauve s'empressa d'enlever l'Alsace au nouveau duc pour la céder
à Louis-le-Germanique. Depuis lors, ce pays resta dé-
taché de l'empire franc (870).

Louis accorda toutes sortes de franchises à l'évêque
Rathold et à la ville de Strasbourg. A sa mort, arrivée
à Francfort en 876, l'Alsace retourna à Hugues, malgré les efforts de Charles-le-Chauve pour regagner la
ligne du Rhin.

Aussi ambitieux que turbulent, le duc chercha à
s'agrandir. Il fit alliance avec son beau-frère Gotfried,
pirate Normand, et mit la Lorraine à feu et à sang.
Pour se défaire de ses ennemis, Charles-le-Gros eut
recours à la ruse : Gotfried périt sous le poignard dans
une conférence où il s'était rendu sans défiance, et
Hugues, attiré à Gondreville, fut arrêté, eut les yeux
crevés et fut enfermé dans le monastère de Saint-Gall.
Sigefroi, le frère de Gotfried, vengea ce crime par des
ravages et le siège de Paris, et força Charles à ache-
ter sa retraite à prix d'argent, ce qui toutefois n'empêcha pas le Normand de porter ses ravages jusqu'en
Bourgogne.

L'empereur vint cacher sa honte à Kirchheim. Il
tomba malade ; ses facultés mentales furent gravement
atteintes. Son épouse Richarde, fille du comte de Nordgau Herchengars, ne négligea rien pour calmer l'esprit maladif de son époux. Décidés à perdre le faible
monarque, les grands imaginèrent de le priver par la
calomnie des lumières du pieux évêque de Verceil

Luitwarde. Ils ne réussirent que trop. Le ministre fut
honteusement chassé de la cour ; Richarde, répudiée
sur de faux soupçons d'infidélité, prouva son innocence
par le feu, et se retira à l'abbaye d'Andlau, qu'elle avait
fondée en 880, et où elle s'endormit dans le Seigneur
(894). Léon IX la plaça, en 1049, sur les autels, après
avoir renfermé ses précieux restes dans la riche châsse
ornée de bas-reliefs que l'on voit encore à Andlau.

CHAPITRE III.

Dès l'année 870, l'Alsace avait été inféodée à l'empire germanique. Charles III, abandonné et méprisé de tous, fut déposé par la diète de Tribur, et mourut dans l'abbaye de Reichenau, près de Constance, dans un état voisin de la démence et dans la plus profonde misère. Son neveu Arnould-le-Bâtard, duc de Carinthie, lui succéda.

Pendant ces temps de troubles, les grands firent leur possible pour se rendre indépendants. L'Alsace était alors gouvernée par Théodoric, fils de Gerhard, duc du Roussillon, qui se l'appropria. A sa mort, son beau-frère Raoul, qui venait de fonder le royaume de la Bourgogne transjurane, croyant avoir des droits sur l'Alsace et la Lorraine, réclama ces pays; mais Arnould se hâta de les donner en fief avec le titre de roi à Zwentibold, son fils naturel. Le nouveau roi se fit détester pour son avarice, sa cruauté et ses débauches, quoique, au dehors, il sût affecter la plus sincère piété.

La mort d'Arnould fut le signal d'un soulèvement contre le tyran. Les grands et les évêques donnèrent la couronne à Louis IV, l'enfant, à peine âgé de 6 ans.

Zwentibold assouvit sa rage sur l'Alsace, il y mit tout à feu et à sang ; mais, les armes de Louis arrêtèrent sa fougue, et il trouva la mort dans un combat sur les bords de la Meuse (900).

Nous sommes arrivés à une époque où le régime féodal, grâce à la faiblesse des successeurs de Charlemagne, alla en s'affermissant, pendant que la royauté vit baisser son prestige. Les plaines, les collines, les montagnes virent surgir de toutes parts ces redoutables manoirs, destinés autant à braver l'autorité des rois qu'à asservir les peuples. Cependant ceux-ci aspiraient à la liberté ; les villes, jalouses des droits et des privilèges de leurs églises, ne rêvaient qu'à secouer cette dépendance. L'esprit d'insubordination planait dans l'air.

Louis IV vint en 904, à Strasbourg, où il fit d'assez stériles efforts pour amener une conciliation entre la ville et son évêque Baldram, homme pieux et plein d'érudition.

La mort de l'empereur fut l'occasion de sérieux troubles par tout l'empire (912). La Lorraine se souleva contre Conrad Ier, nouvel empereur élu. Pendant que l'empereur et le roi de France Charles-le-Simple se disputaient cette province, Strasbourg fit un nouvel effort pour secouer l'autorité épiscopale. L'évêque Otbert jeta l'interdit sur la ville et se retira dans son château de Rothembourg, où il fut assassiné par quelques furieux (913). Ce crime consterna le peuple. Le corps de l'évêque fut inhumé avec pompe dans la cathédrale et les assassins furent condamnés à une amende de 900 sous d'or

(14,000 francs). Plus tard, on rasa le château, ce témoin muet du crime, si bien « qu'on ignore l'endroit où il était situé. » (GRANDIDIER, T. I, p. 277).

L'Alsace, en proie à toutes les horreurs de la guerre intérieure et extérieure, vit, pour surcroît de calamité, fondre sur elle de nouvelles hordes de sauvages. Les Huns, sortis de la Hongrie, traversèrent l'Allemagne, passèrent le Rhin à Huningue, brûlèrent Bâle et ravagèrent toute la province par le fer et le feu (917). Epouvantées à la vue de ces monstres, petits de taille, à la peau brune, à la figure hideuse, les yeux flamboyants, la tête rasée, se nourrissant de chair crue et buvant le sang des blessés, les populations crurent voir l'armée de Gog et Magog, prédite par Ezéchiel et l'Apocalypse.

Sur ces entrefaites mourut Conrad en désignant pour son successeur Henri Ier l'Oiseleur (912). Le nouvel empereur, désirant en finir avec les prétentions de la France sur l'Alsace, conclut avec Charles-le-Simple un traité à Bonn, en vertu duquel la Lorraine et l'Alsace furent reconnues provinces allemandes. Mais Raoul II de Bourgogne (page 32), élu roi de France, pendant que Charles languissait dans la tour de Péronne (916), crut devoir faire valoir ses prétendus droits et ceux de la couronne sur l'Alsace. Henri s'était hâté de mettre une forte garnison à Saverne. Raoul vint en effet mettre le siège devant la ville, l'emporta après des efforts longs et des assauts meurtriers et en rasa les murs. Cependant cette conquête lui échappa.

L'année 926 vit reparaître les terribles Magyares;

ils dévastèrent le pays avec une fureur sans égale. L'Ungersberg, qui domine la vallée d'Andlau, garde encore le nom et le souvenir de ces barbares, qui entraînèrent là beaucoup de victimes pour les massacrer inhumainement. Le comte Luitfried IV, à la tête des milices alsaciennes, marcha contre eux et en fit un grand carnage ; mais le vaillant comte fut tué dans une seconde action près de Bennwihr. Alors la rage de ces hordes farouches ne connut plus de bornes. Les églises et les couvents éprouvèrent surtout les effets de leur fureur sacrilège. L'abbaye de Murbach fut pillée : l'abbé Wambert ayant pris la fuite avec ses religieux, ces bêtes féroces s'emparèrent des sept moines qui y étaient demeurés, les traînèrent jusqu'au pied du Ballon et les massacrèrent cruellement. Ce lieu porte encore le nom de *Mordfeld* (champ du carnage). Les abbayes d'Ebermünster, de Hohenbourg, d'Eschau furent complètement ruinées. Henri Ier anéantit ces redoutables bandes à Mersebourg, sur la Saale, en 933.

L'empereur céda, en 926, le duché d'Alsace à Herrmann de Souabe, en reconnaissance des services rendus par son père Gebhard de Franconie, tué dans un combat contre les Hongrois.

Othon Ier le Grand succéda à son père (936). Cependant le roi de France, Louis IV, appuyé par Giselberg, duc de Lorraine, renouvela ses prétentions sur le duché. Le duc de Franconie, Eberhard, trahit l'empereur et livra Brisach. Othon accourut pour reprendre cette ville, mais il rencontra une résistance opiniâtre. Giselbert et Eberhard profitèrent de cette circonstance pour passer le Rhin à Andernach et envahir l'Alsace. Mais ils furent surpris par Othon, frère du duc Herrmann, et Conrad-le-Sage, duc de Worms, et battus dans un combat où Eberhard périt : Giselbert trouva la mort dans les flots du Rhin. Les Français durent quitter l'Alsace. Louis IV fit la paix avec l'empereur et épousa sa sœur Gerberge, veuve de Giselbert (939). Les évêques Ruthard de Strasbourg et Frédéric de Mayence, qui avaient épousé le parti du roi de France, furent exilés dans l'abbaye de Corvey, en Saxe : mais ils furent grâciés peu après.

Le calme rendu au pays ne fut pas de longue durée. Othon épousa en secondes noces la belle et vertueuse Adelaïde, fille de Raoul, duc de Bourgogne transjurane, veuve de Lothaire, roi d'Italie, et l'emmena avec Berthe, sa belle-mère, en Alsace (953). Ludolf, son fils, qui s'était uni à Ida, fille du duc Herrmann, craignant qu'Adelaïde ne donnât un héritier à son père, prit les armes ; mais il dut se soumettre et se voir privé de son duché d'Alsace, lequel fut cédé à Burkhard II, prince bon et religieux.

Othon mourut (973) après avoir fait couronner son fils, Othon II. Sa veuve fonda, en 987, l'abbaye bénédictine de Seltz, dont les abbés devinrent princes du Saint-Empire ; elle y mourut saintement en 999.

Le siége épiscopal de Strasbourg était alors occupé par le célèbre Uthon, prélat aussi distingué par sa profonde piété que par ses vastes connaissances. Il fit plusieurs fondations utiles et mourut après avoir sacré pour son successeur Erchambaud, l'ornement et une des gloires de l'église de Strasbourg. Ce prélat suivit l'empereur en Italie dans une campagne contre les Grecs et les Sarrazins (980). Le duc d'Alsace, Othon Ier, fils de Ludolf, qui faisait partie de l'expédition, mourut à Lucques (982), et l'empereur fut enlevé par la fièvre à Rome, l'année suivante.

Othon III, l'élève du célèbre Gerbert (plus tard Sylvestre II), lui succéda sous la tutelle de Théophanie, sa mère, et d'Adélaïde, sa grand-mère, qui gouvernèrent l'empire avec habileté. Il mourut sans postérité à Paterno (1002). Alors plusieurs prétendants à la couronne se trouvèrent en présence : c'étaient Henri de Bavière, Eccard de Thuringe et Herrmann II, duc d'Alsace. Strasbourg se déclara pour Henri II qui reçut l'onction royale à Mayence. Furieux de cette préférence, Herrmann surprit la ville, la prit d'assaut le Samedi-Saint, 4 avril, et la livra au pillage : la cathédrale fut profanée et livrée aux flammes, le jour de Pâques. Ce cruel acte de vengeance servit mal ses intérêts : vaincu par les troupes épiscopales, il fut obligé de se soumettre à l'empereur et d'indemniser la ville ; il céda à l'évêque [pour sa cathédrale les revenus de l'abbaye de Saint-Etienne. Il mourut de chagrin, en 1004, laissant le duché à son fils, Herrmann III.

Dès l'année 1015, l'évêque Wernher commença la reconstruction de sa cathédrale sur un plan plus vaste. L'on mit près de trois siècles à élever le splendide édifice qui s'offre aujourd'hui à l'admiration publique (note XII).

3

Le pieux Henri II, étant venu à Strasbourg (1012), voulut renoncer au monde et se faire recevoir chanoine de la cathédrale. Mais l'évêque, après avoir reçu de lui la promesse d'obéissance, lui ordonna de garder les rênes du gouvernement. Le prince fonda alors une prébende qu'il dota richement pour un chanoine qui réciterait l'office au chœur, en son nom. Cette prébende, dont le possesseur était appelé le *roi du chœur*, resta toujours à la nomination de l'empereur.

Henri II mourut en 1024 et fut canonisé par le pape Eugène III. Sa veuve Cunégonde, fille de Siegfried de Luxembourg, avec laquelle il avait vécu dans la continence, fonda un monastère dans le diocèse de Paderborn, s'y retira et y mourut en odeur de sainteté, en 1040. Elle fut élevée sur les autels par le pape Innocent III, l'an 1200.

Les grands s'assemblèrent à Worms et élevèrent à l'Empire Conrad II le Salique. L'Alsace fut de nouveau agitée. Ernest II de Saxe, fils d'Ernest Ier et fils adoptif de Conrad par sa mère Gisèle, leva l'étendard de la révolte contre son bienfaiteur. Forcé de s'humilier, le prince turbulent n'obtint son pardon que par l'entremise de sa mère. L'empereur s'étant rendu, en 1027, avec son épouse à Rome pour y être couronné, Ernest profita de l'absence de son père, entra en Alsace et en ravagea une partie en haine du comte de Nordgau Hugues IV, cousin-germain de Conrad. Cet acte de sauvagerie le fit enfermer pendant trois ans au fort de Gibichenstein (Saxe) et le priva de son duché. Gràcié et réintégré dans ses domaines, il reprit les armes, fut mis au ban de l'empire (note XIII) et périt (1030) de la main du comte Manegold de Nellenbourg.

L'évêque Wernher avait beaucoup contribué à l'élection de Conrad, aussi jouissait-il d'un grand crédit auprès de ce prince. Député en ambassade à Bysance auprès de Romain III, le prélat y mourut, en 1028. Cette mort fut annoncée à Conrad par une lettre écrite en caractères d'or.

Conrad II mourut à Utrecht (1039) après avoir fait élire son fils Henri III le Noir. Sous ce règne mourut le pape Damase: un enfant de l'Alsace, Brunon, fils de Hugues IV d'Eguisheim et d'Helwide, fille du comte Louis de Dabo, lui succéda sur la chaire de Pierre (note XIII). Comme évêque de Toul, à 24 ans, Brunon s'était fait remarquer par sa grande fermeté, sa rare piété, sa prudence consommée et son zèle ardent pour la discipline ecclésiastique. Elevé au souverain Pontificat, il fut intronisé en 1049, et prit le nom de Léon IX. Son règne est marqué par d'importantes réformes. Il s'opposa avec vigueur et succès à l'hérésie de Béranger, combattit les Normands en Italie, assembla plusieurs conciles, s'entoura d'hommes éclairés, tels que saint Pierre Damiens, le moine Hildebrand (plus tard Grégoire VII). Dans ses voyages en France et en Allemagne, il laissa partout des traces de sa piété et de sa munificence. L'Alsace, son pays natal, reçut des marques toutes particulières de sa générosité. A Strasbourg, où l'on était toujours occupé de la construction de la cathédrale, il accorda des indulgences à tous ceux qui y contribueraient soit par leurs travaux, soit par leurs dons et consacra l'église Saint-Pierre-le-Jeune ; il fit don à l'église d'Altorf d'un bras de saint Cyriaque, et à Œlenberg d'une relique de saint Romain ; Hohenbourg, détruit par un incendie, en 1045, se releva de ses ruines ; à Andlau il leva de terre le corps de sainte Richarde (page 31) ; la chapelle de Saint-Pancrace, près de Hüsseren, fut consacrée ; l'abbaye ruinée de Saint-Sigismond fut rétablie et l'église dédiée à Saint-Marc. Il visita l'abbaye de Woffenheim, fondée par son père, et remit à l'abbesse, sa sœur, un morceau de la vraie croix, d'où le monastère prit le nom de Sainte-Croix (près Colmar) ; il imposa à la supérieure de cette maison l'obligation d'envoyer chaque année deux onces d'or à Rome pour le confectionnement de la *Rose d'or*. Cette rose, bénite par le Saint Père le dimanche de *Lætare*, est donnée en présent à un prince ou une princesse catholique. Cet usage s'est perpétué. C'est pendant son séjour en Alsace que Léon IX institua la célèbre *Trêve de Dieu* pour rétablir la paix, la concorde et la sécurité dans les pays chrétiens.

Prisonnier des Normands, les Piémontais du XIe siècle, à Bénévent, le saint Pape y tomba malade ; il se fit transporter à Rome, où il mourut, en 1054, exténué de fatigue et de mortification. Le peuple lui rendit aussitôt le culte dû aux Saints.

Henri III meurt après avoir fait reconnaître pour roi son fils, Henri IV et l'avoir confié à la tutelle du pape Victor II et du Saint-Siége. Pupille indigne et ingrat, libertin éhonté, cruel et débauché, ce prince fera le

malheur de l'empire. L'Alsace sera le théâtre de nouveaux troubles par suite des querelles entre le Sacer-
doce et l'Empire.

Le Saint-Siége était résolu enfin à mettre un terme au
triste état de l'Eglise d'Allemagne rongée par la simo-
nie et l'incontinence, désordres causés par le droit que
s'étaient arrogé les souverains laïques de pourvoir aux
charges et aux dignités ecclésiastiques, par la remise
de l'anneau et de la crosse. De là la *Guerre des Investitures*, question de vie et de mort pour la hiérarchie
catholique. Grégoire VII, ce moine de Cluny choisi
par Henri III pour précepteur de son fils Henri IV, qui
conduisait d'une main ferme et vigoureuse la barque
de Saint-Pierre, mit tout en œuvre pour remédier au
mal : prières, exhortations, menaces, tout fut inutile.
Alors l'intrépide pontife n'hésite plus : Henri IV est
excommunié, ses créatures sont suspendues de l'exercice des fonctions sacrées. Forts du droit public de ce
temps, les grands s'assemblent à Tribur pour déposer
l'empereur et en élire un autre. Henri IV, pour parer
ce coup, se rend à Canossa dans les états de la comtesse Mathilde, où se trouvait Grégoire VII. Ecoutons
l'historien impartial de ce pape : « La forteresse de
Canossa avait une triple enceinte. On introduit Henri
dans la seconde, et les seigneurs de sa suite furent
laissés en dehors de la première. Henri avait déposé
tous les insignes de la royauté, rien n'annonçait son
rang. Couvert d'habits de pénitent, pieds nus, il attendit
trois jours, jeûnant et priant, la sentence du souverain
Pontife. » (VOIGT, *Gregor VII*). Henri est relevé de

l'excommunication, invité à la table du pape, traité avec les plus grands égards (janvier 1077). Mais toutes les promesses sont bien vite oubliées : les grands s'assemblent de nouveau (mars), déposent Henri et Rodolphe, duc de Souabe et d'Alsace, est appelé à l'Empire.

L'élection de Rodolphe mit le comble au désordre. Les comtes d'Eguisheim et de Habsbourg prirent le parti du nouvel empereur, les évèques de Bâle et de Strasbourg, Burkard et Werner II, créatures simoniaques de Henri IV, lui demeurèrent fidèles. Rodolphe succomba à Mersebourg (octobre 1080), le conciliabule de Bixen élut l'antipape Guibert de Ravenne, sous le nom de Clément III, Rome fut prise après trente mois de siége et livrée au pillage ; Grégoire VII, vaincu mais non abattu, mourut en exil à Sienne. Avec raison le saint pontife put dire dans ses derniers moments : « *Dilexi justitiam et odio habui iniquitatem, propterea morior in exilio* » (1085), mais le triomphe de l'Eglise était assuré.

Berthold de Zæhringen battit dans l'Ortenau les évèques de Bâle et de Strasbourg, mais il fut privé de son duché d'Alsace par Henri IV, qui en investit son gendre, Frédéric de Hohenstaufen, et l'évèque Werner, mort subitement, fut remplacé par Uthon, frère de ce même Frédéric.

CHAPITRE IV.

Hugues VII d'Eguisheim, que sa vaillance pour la bonne cause avait fait surnommer l'*infatigable soldat de saint Pierre*, continua à prêter l'appui de son épée au duc dépossédé, et força l'évêque à lui demander la paix ; mais il tomba peu après, avec quatre gentilshommes de sa suite, sous le fer de vils assassins.

Les guerres désastreuses de cette époque, le schisme qui désolait l'Eglise, firent baisser notablement la foi dans les masses. Le pape Urbain II, dans sa sollicitude pastorale, confia au prévôt de la collégiale de Lautenbach, le savant Mangold, appelé le *philosophe chrétien*, la mission de raviver la foi parmi le peuple. La peste qui sévit en Alsace, en 1094 et 1095, fut un auxiliaire énergique de Mangold ; car la terreur avait saisi les nobles, les évêques simoniaques, tous ceux qui avaient accepté le schisme par cupidité. Les travaux apostoliques du missionnaire furent récompensés de la prison dans laquelle il fut jeté par ordre de Henri IV.

Mangold fut le fondateur de l'abbaye de Marbach (près Hûsseren). Vers ce temps, la comtesse Hildegarde, mère de l'évêque, fit construire le prieuré et l'église Sainte-Foi de Schlestadt sur le modèle du Saint-Sépulcre : les prieurs de cette maison nommaient le bourgmestre de la ville, privilége que Frédéric II les força à partager avec lui.

Bientôt tout l'Occident se leva au cri de « *Diex el volt ! Dieu le veut !* » pour voler au secours des chrétiens d'Orient qui gémissaient sous le joug fanatique de Mahomet. L'esprit chevaleresque de la noblesse, sa foi ardente, son courage téméraire, sa soif de la gloire, lui firent engager ses biens, ses richesses, ses châteaux même, pour arracher le berceau de la foi et de la civilisation des mains de l'islamisme et de la barbarie. L'évêque Uthon, en esprit de pénitence, prit la croix, assista aux côtés de Godfroid de Bouillon à l'entrée à Jérusalem, et rentra heureusement dans son diocèse (1099).

Henri IV, le persécuteur de l'Eglise, vit, dans sa vieillesse, la main de Dieu s'appesantir sur lui. Ses fils se révoltèrent et le firent déposer. Il mourut à Liége (1106) écrasé dans la lutte dont il avait cru sortir vainqueur, et demeura cinq ans sans sépulture honorable ; alors seulement son corps fut inhumé dans le caveau impérial de Spire.

Cette même année Henri V vint en Alsace. Il fut reçu avec beaucoup d'honneur à Rouffach ; mais les gens de sa suite s'étant permis toutes sortes de vexations contre les bourgeois, une sédition s'ensuivit. L'empereur, contraint de fuir, laissa les ornements impériaux entre les mains des révoltés. Il redemanda les joyaux, promettant oubli et pardon ; mais à peine était-il en possession du manteau et du sceptre, qu'il rassembla ses troupes, vint mettre le siége devant la ville et se vengea terriblement en la livrant au pillage et à l'incendie.

Vers cette époque, Frédéric Ier de Ferrette agrandit et embellit l'église de Saint-Christophe dans le Sundgau. Cette église, qui devait plus tard donner son nom au château et à la ville d'*Altikilcha* (vieille église —Altkirch), était située dans un vallon gracieux arrosé par l'Ill ; sa fondation se perd dans la nuit des temps. Le castel des comtes se trouvait sur une colline à peu de distance, à l'endroit où s'élève aujourd'hui une belle église byzantine. Saint Hugues, abbé de Cluny, s'arrêta dans ce château chez le comte Louis et la comtesse Sophie. Plus tard, Frédéric offrit à ce saint l'église de Saint-Christophe avec ses revenus. Saint Morand, originaire des environs de Worms, qui alors évangélisait l'Auvergne, fut envoyé par saint Hugues dans le Sundgau. Ses biographes nous disent que «son corps était très amaigri ; il avait les cheveux blancs comme la neige ; mais un air de douceur et de modestie surnaturelles était répandu sur sa personne, et, en le regardant, on croyait voir un ange du Seigneur... » La vie de ce missionnaire fut marquée par un grand nombre de miracles ; et, après sa mort, arrivée en 1125, son tombeau fut honoré par un concours immense de fidèles : il est l'apôtre du Sundgau.

Frédéric II Coclès (le borgne) succéda à son père dans le duché. Son administration fut une ère de prospérité et de repos pour l'Alsace. Il couvrit tellement la vallée du Rhin de forteresses, que les chroniqueurs nous disent « qu'il ne sortait jamais sans avoir un château suspendu à la queue de son cheval. » Il nomma en qualité de *landvogt* de Haguenau, Hetzel, le premier dont l'histoire d'Alsace fasse mention.

La querelle des Investitures troubla seule cette paix. Henri V, ayant soutenu l'antipape Grégoire VIII, fut excommunié par Gélase II d'abord, puis par Calixte II au concile de Reims (1119). L'empereur réunit une armée, à laquelle le duc, son neveu, fournit son contingent, pour marcher contre Albert, archevêque de Mayence, qui avait adhéré à la sentence d'excommunication, mais le concordat de Worms arrêta l'affaire. Henri V renonça à ses prétentions. « Pour l'amour de Dieu, de la sainte Eglise romaine et du pape Calixte, pour le salut de mon âme, disait l'empereur, je renonce à toute investiture par la crosse et l'anneau. J'accorde à toutes les églises de mon royaume les élections canoniques et les consécrations libres. Je conserverai la paix avec le pape Calixte et la sainte Eglise romaine, et je lui prêterai fidèlement secours quand il me le demandera ». La querelle des investitures était finie, Grégoire VII avait triomphé trente-sept ans après sa mort (1122).

Cette même année eut lieu une révolte des sujets du comte Hugues de Dabo. Celui-ci invoqua l'appui de Berthold III de Zæhringen, le fondateur de Fribourg-en Brisgau. Les révoltés surprirent Berthold à Molsheim, taillèrent ses troupes en pièces et les dispersèrent, lui-même y perdit la vie. L'évêque Cunon, accusé de connivence avec les rebelles et de dilapitation du trésor de son église, fut déposé par le Chapitre.

En 1127, l'évêque de Metz consacra solennellement la vieille église de Saint-Jean-des-Choux, une des plus anciennes de l'Alsace, qui venait d'être restaurée par Pierre de Lützelbourg. Cette église byzantine, d'un style sévère, existe encore.

La mort de Henri V (1125) fut suivie de longs troubles et de sanglantes querelles. La noblesse d'Allemagne comme celle d'Italie se divisa en deux camps : Les *Welfs* ou *Guelfes* et les *Waiblings* ou *Gibelins* (siége héréditaire des Hohenstaufen). Henri Welf de Bavière soutint Lothaire II qui fut couronné à Mayence malgré les efforts du duc Frédéric II et de son frère Conrad de Franconie. L'évêque Gebhard de Strasbourg prit le parti de Lothaire et vainquit les deux frères dans un combat à Gugenheim, dans le Kochersberg. Frédéric s'humilia, se présenta à la diète de Bamberg (18 mars 1135) où il demanda à l'empereur pardon à genou. Peu après, Lothaire mourut et Conrad fut élevé sur le trône. Henri-le-Superbe, chef de la maison des Welfs, prit les armes; mais il fut battu et assiégé dans Weinsberg, célèbre par le dévouement des femmes, où pour la première fois l'on entendit le mot d'ordre : *Welf! Waibling!*

Cette lutte avilit la dignité impériale et favorisa les idées de liberté et d'indépendance des villes d'Alsace, dont les droits et les priviléges reçurent la sanction impériale en récompense de leur attachement et des services rendus à la cause de l'Empire.

A cette époque, saint Bernard, l'oracle de son siècle, l'admiration des peuples et des rois, vint en Alsace. Sa voix enfanta des prodiges; les vieilles haines cessèrent, la piété se ralluma dans les cœurs, des monastères richement dotés s'élevèrent en témoignage du revirement général. Les abbayes de Lucelle (1124), fondée par trois seigneurs bourguignons, de Saint-Jean-des-Choux fondée par le comte P. de Lützelbourg (1126); de Neubourg (1128), de Baumgarten, près d'Epfig (1228), d'Ittenwiller, près de Saint-Pierre (1137), de Pairis (Orbey), fondée par Ulric, dernier comte d'Eguisheim (1138), de Kœnigbruck, fondée par Frédéric II, datent de cette époque mémorable.

Pendant que le célèbre abbé de Clairvaux faisait retentir les villes et les bourgs de sa voix éloquente, un fanatique, du nom de Rodolphe, parcourut le pays en excitant la foule, au nom du Christ, contre les juifs. Ces malheureux furent exterminés par centaines. Cette atroce persécution ne cessa que quand saint Bernard eut confondu l'imposteur.

L'infatigable apôtre parcourut la France et l'Allemagne, prêchant une nouvelle croisade au nom d'Eugène III : partout il remua les masses, les miracles naissaient sous ses pas. A cette occasion, il vint à Strasbourg, où il dit la messe au grand chœur ; il guérit une fille paralytique et redressa les membres d'un boiteux ; des guérisons merveilleuses signalaient partout le passage de l'homme de Dieu : c'était comme une effusion de la grâce divine. A Spire, où se trouvait la cour, Conrad III interrompit saint Bernard au milieu d'un de ses discours entraînants, et demanda la croix en versant un torrent de larmes.

L'Alsace fournit son brillant contingent à la guerre sainte. Parmi les croisés on remarqua les évêques de Strasbourg, de Bâle et de Spire, le comte Louis de Ferrette, le comte Gerlac de Veldents, Emerich de Linange, le duc d'Alsace Frédéric III qui réunit ses troupes à celles de l'empereur, son oncle (1147). Cunon de Ribeaupierre s'illustra dans cette croisade par sa victoire sur l'arrogant Sarrazin qui avait provoqué les princes chrétiens en combat singulier. Pour ce fait de bravoure, l'empereur autorisa les Ribeaupierre à porter dans leurs armes l'image d'un sarrazin tué.

Cependant le succès ne couronna pas le zèle de ces fils de la croix : ils revirent en petit nombre leur patrie. « Dieu seul, disent les vieilles chroniques, connaît le nombre des martyrs et la quantité de sang qui coula sous le glaive des infidèles et même sous le fer des Grecs. »

Conrad III meurt (1152) en désignant pour successeur le duc Frédéric III, lequel, sous le nom de *Frédéric Ier* Barbarossa, régna trente-huit ans. Prince doux, affable et généreux, il fit le bonheur de l'Alsace, son séjour favori. Il fonda Anweiler, près de Landau, construisit les châteaux de Trifels et de Kaiserslautern, dans le palatinat rhénan, entoura Haguenau de murs, agrandit et embellit le palais commencé par son père, et déposa dans la chapelle de la *burg* une relique de la couronne d'épines, la lance et un clou de la croix de Notre-Seigneur, ainsi que les insignes de l'empire, le glaive, la couronne, le sceptre et le globe d'or de Charlemagne, le reichsapfel, le manteau impérial, la

chaussure brodée d'or et de diamant et les éperons
d'or.

Le fils de Conrad, Frédéric IV, fut duc d'Alsace : il
mourut de la peste à Rome (1167), et Barberousse
donna le duché à son propre fils, Frédéric V. Ce prince
pieux voulut porter le titre d'avoué de Hohenbourg,
monastère alors gouverné par Relinde, nièce de l'empereur, aussi recommandable par sa vertu que par
son érudition. Herrade de Landsperg succéda à Relinde. Versée dans toutes les connaissances du
moyen-âge, théologien, philosophe, poëte tendre et
plein de grâces, cette sainte abbesse fut l'auteur du
Hortus deliciarum, « recueil encyclopédique, dit M.
Spach, de tout savoir *licite,* destiné aux religieuses de
Sainte-Odile, qui devait leur faire connaître le monde
réel, sans le rendre trop aimable, trop attrayant ; qui
devait leur ouvrir les espaces du ciel et les profondeurs de l'abime, sans mêler à ces conceptions mysti-
ques les dangereuses fictions des poëtes profanes..... »
Conservé à la bibliothèque de Strasbourg, l'original
de ces poésies est devenu la proie des flammes pendant le bombardement de cette ville, en 1870 (note XVI).

Herrade fonda (1181) le prieuré de Saint-Gorgon et le
couvent de Truttenhausen. Edelinde la remplaça :
cette abbesse se rendit également célèbre par sa piété
et sa science. Niedermunster, fondé par sainte Odile,
ayant été incendié, Relinde fit construire sur les ruines
une église aux proportions à la fois grandioses et sé-
vères. Cette église fut consacrée par le légat d'Adrien
IV, assisté de l'évêque de Strasbourg, Conrad de Lichtemberg (1182).

Frédéric Barberousse ne rêvait que la monarchie universelle. Mais, comme le dit l'abbé Darras, « un tel dessein ne pouvait s'accomplir, dans ce qu'il avait de réalisable, que par un génie aussi juste que grand, aussi vertueux que puissant. Or, Frédéric ne connut jamais d'autre justice ni d'autre loi que son ambition, d'autre vertu que celle des armes. Il eût fallu, pour l'exécuter, un nouveau Charlemagne: Frédéric Barberousse ne fut trop souvent qu'un Attila. »

Ayant opposé un antipape à Alexandre III, l'empereur fut excommunié solennellement avec l'antipape et ses complices : parmi ces derniers se trouvait Rodolphe, évêque de Strasbourg. Frédéric franchit les Alpes avec une armée, renversa Milan ; mais la ligue lombarde lui tint tête, et il essuya une déroute complète à Legnano (1176). Il fit la paix avec le pape et les Lombards et fut relevé de l'excommunication.

Le jeune Frédéric se croisa (1188) et rejoignit son père à Vienne (1189). Victorieuse dans les sables brûlants du désert où 10,000 Turcs restèrent sur le champ de bataille, l'armée des croisés traversa la Syrie : là, Barberousse trouva une mort malheureuse dans les eaux du Calycadnus (Saleph) qu'il voulait traverser à cheval. Comment dépeindre la douleur et le désespoir de l'armée qui venait de perdre son chef et son défenseur ? Le duc d'Alsace se mit à la tête des croisés ; mais n'ayant pas les qualités de son vieux père, il se vit refuser l'obéissance et l'armée se débanda ; néanmoins le prince réunit les débris de ses troupes et les mena au siége de Ptolemaïs. Il fonda l'*Ordre teutoni-*

que après la prise de cette ville, et mourut enlevé par la peste, en 1191.

Son frère, Conrad III, lui succéda dans le duché, tandis que son autre frère, Henri VI, ceignit le diadème impérial. Ce prince construisit le château de Brisach destiné à servir de refuge aux paysans contre la tyrannie des seigneurs voisins.

Sur ces entrefaites, Richard-cœur-de-Lion, roi d'Angleterre, venant de Terre-Sainte, fut jeté par la tempête sur les côtes de la Dalmatie (1192). Le duc Léopold, au mépris du droit des gens, arrêta le monarque et l'écroua dans le fort de Durnstein ; bien plus, il le vendit à Henri VI qui l'enferma au château de Trifels. Comme tous les croisés se trouvaient sous la protection immédiate du pape, Célestin III excommunia les deux tyrans rapaces. Loin de s'émouvoir des foudres de l'Eglise, l'empereur convoqua à Haguenau une cour plénière pour juger le prince captif. Richard parut avec dignité devant le jury composé des princes de l'empire et des députés du roi de France, Philippe-Auguste, et se défendit d'une manière noble et ferme. Cependant la cupidité de Henri VI l'emporta sur la raison et la justice, et le monarque anglais fut condamné à se racheter à prix d'argent. Réintégré dans le donjon de Trifels, Richard traita avec l'empereur, le 29 juin 1193, et sa rançon fut fixée à l'énorme somme de 100,000 marcs, avec la condition que la moitié serait payée avant sa délivrance, l'autre moitié après son retour dans ses Etats, et que soixante otages resteraient entre les mains de Henri VI et sept entre celles du duc Léopold jusqu'au versement intégral de la rançon. Ce n'est que l'année suivante que cette somme put être trouvée par la reine Eléonore et les barons anglais et le roi recouvra la liberté.

Cette somme permit à Henri d'envoyer son lieutenant Berthold de Cunisberg (Ht-Kœnigsberg?) pour faire la conquête des Deux-Siciles. Guillaume, fils de Tancrède, et deux autres seigneurs siciliens, étant tombés entre les mains des conquérants avides, eurent les yeux crevés et furent envoyés captifs à Trifels. Sybille, l'infortunée veuve de Tancrède, et sa fille furent enfermées à Hohenbourg ; les tombeaux de Tancrède et de son fils Roger furent profanés et tous les trésors et toutes les richesses de la Sicile passèrent en Allemagne.

Vers ce même temps, Henri VI, par un édit daté de Haguenau, qu'il venait d'ériger en ville impériale (note XVI), proclama l'hérédité du trône dans sa famille. Cet édit, auquel les grands jurèrent obéissance, n'empêcha pas les mêmes troubles de se produire à chaque vacance du trône. Henri VI, excommunié, mourut à Messine (1197), maudit de la Sicile et détesté de tout l'univers.

Le sceptre impérial, tombé des mains de Henri VI, fut vivement disputé par trois concurrents. Frédéric II, âgé de 5 ans, devait sous la tutelle de son oncle Philippe, duc d'Alsace, succéder à son père ; mais, comme, d'après les lois de l'empire, cette tutelle appartenait aux électeurs de Saxe et du Palatinat, les grands déchirèrent l'acte de Haguenau et proclamèrent Berthold V de Zæhringen.

Ce dernier, préférant l'argent à la guerre, accepta 11,000 marcs, et Philippe se fit elire par une assemblée tenue à Mülhausen en Thuringe. Les Guelfes se déclarèrent alors pour Othon de Brunswick. De 1201 à 1208 des flots de sang coulèrent. L'évêque de Strasbourg, les comtes Albert de Dabo et Emichon de Linange épousèrent la cause d'Othon contre l'ambitieux duc d'Alsace. Furieux de cette préférence, Philippe entra sur les terres de l'évêque, brûla les faubourgs de Strasbourg et de Rouffach, incendia Molsheim et ravagea les domaines de ses ennemis. Enfin il parvint à se faire couronner à Mayence, et tous lui prêtèrent le serment de fidélité.

Son règne fut de courte durée. Le 21 juin 1208, le comte palatin de Bavière, Othon de Wittelsbach, entra dans l'appartement de Philippe au palais de Bamberg, l'épée à la main : « Déposez votre épée, dit l'empereur, elle n'est pas nécessaire ici. » — « Elle m'est nécessaire pour me venger de ta perfidie », répliqua Othon, et en même temps il l'en transperça.

Othon IV, délivré de son rival, fut reconnu par les électeurs. Il convoqua, en 1209, une diète générale à Haguenau, pour obtenir des subsides qui lui permissent de passer en Italie pour se faire couronner par Innocent III. Cependant il ne tarda pas à empiéter sur le patrimoine de l'Eglise et encourut l'excommunication (1210). Alors le pupille du Saint-Siège, Frédéric II, fut solennellement proclamé par la diète de Francfort.

Le jeune prince sut gagner les sympathies de la noblesse alsacienne, et notamment l'appui de l'évêque

Henri de Vehringen et de Rodolphe de Habsbourg, landgraf de la Haute-Alsace. Cependant Haguenau et Brisach tenaient toujours pour Othon IV, qui défendait lui-même cette dernière ville. Ses troupes commirent tant d'excès, que les bourgeois exaspérés se soulevèrent et égorgèrent la garnison. Othon échappa à grand'peine et s'enfuit en Saxe. Le duc de Lorraine, Ferry II, s'empara de Haguenau et mit ainsi toute l'Alsace au pouvoir de Frédéric II, qui alla se faire couronner à Aix-la-Chapelle (1213).

Voyant le pouvoir lui échapper de toutes parts, Othon pensa fortifier son parti par des alliances étrangères. Dans ce but, il marcha avec le roi d'Angleterre, Jean-Sans-Terre, contre Philippe-Auguste, partisan de Frédéric II et du pape. Battu à Bouvines, le 24 juillet 1214, l'infortuné prince, sans armée et sans amis, alla mourir sans gloire dans son duché de Brunswick.

Le duc de Lorraine reçut de Frédéric, en reconnaissance de ses services, 4,000 marcs d'argent et la ville de Rosheim en gage. A la mort de Ferry II, l'empereur retira cette ville à son fils Thiébaut Ier. Mais celui-ci y entra la nuit par surprise et la livra au pillage. Pendant que les Lorrains, gorgés de vin et de viande, se livraient à un profond sommeil, les habitants de Rosheim se ruèrent sur eux et en firent un grand carnage. Thiébaut s'en vengea en dévastant l'Alsace. Mais Frédéric II lui rendit ravage pour ravage, le poursuivit, l'assiégea dans son château d'Amance et l'emmena prisonnier. Thiébaut mourut après que la liberté lui eut été rendue, empoisonné par Frédéric, à Strasbourg.

CHAPITRE V.

La fière et altière féodalité était arrivée à son apogée ; partout cette terrible reine avait posé son pied de fer ; l'heure de son abaissement est venue, celle de sa chute sonnera un jour. Pour contrebalancer l'autorité des seigneurs, dont l'orgueil et l'insolence à l'égard de leurs suzerains, le mépris et la tyrannie pour leurs vassaux grandissaient outre mesure, Frédéric II accorda toutes sortes de franchises aux villes et aux bourgs. Albin Wœlfel, homme d'une naissance obscure, mais d'un esprit distingué, fut créé *landvogt* (préfet), charge qui lui donnait tous les droits des ducs que les préfets devaient remplacer un jour (1220). Jusqu'ici Strasbourg, Saverne, Marmoutier, Seltz et Haguenau étaient les seules villes jouissant du droit de cité. Wœlfel éleva au même rang Altkirch, Mulhouse, Delle, Ferrette, Massevaux, Colmar, Munster, Kaysersberg, Schlestadt, Lauterbourg et Wissembourg. Le régime de ces villes fut très-libéral : un prévôt rendait la justice, le Sénat statuait sur les affaires d'intérêt local ; les nobles étaient divisés en curies, les roturiers en tribus.

Le landvogt résidait à Haguenau : il fit embellir Kaysersberg et y ériger un château pour un préfet de l'empire qui devait garder le passage pour la Lorraine : l'empereur y séjourna quelques semaines ; il construisit aussi les châteaux de Landsperg et de Kronenbourg. Wœlfel eut bientôt des ennemis. Il était devenu riche, c'était un crime ; son administration sage et intègre ne put le garantir contre la calomnie. L'empereur prêta l'oreille aux délations, et le landvogt fut arrêté avec son fils, gardé à vue dans sa propre maison, et condamné à payer 16,000 marcs d'or. Quelques jours après, il fut trouvé mort dans son lit, étouffé, à ce que l'on prétend, par sa femme, qui craignait qu'il ne découvrit ses trésors (1236).

L'extinction de la noble et puissante famille d'Eguisheim-Dabo agrandit considérablement les domaines de l'église de Strasbourg. Les comtes de Ferrette et de Linange lui disputaient ces biens, comme héritiers naturels de Gertrude, fille d'Albert de Dabo et femme du comte de Linange, dernière représentante de ces deux illustres familles. Le parricide Ulric de Ferrette fut battu par l'évêque Berthold de Teck, près de Blodelsheim, et le comte de Linange perdit les châteaux de Gierbaden et de Bernstein (1228). Le manoir de Gierbaden devint dès lors le chef-lieu d'un baillage épiscopal très considérable jusqu'au XVI° siècle ; mais, par suite de l'action du temps, la dégradation du château fit transférer le baillage à Benfeld.

Henri II, roi des Romains et duc d'Alsace, fils de Frédéric, appuya la cause des vaincus et vint bloquer Strasbourg ; mais le retour inattendu de son père de la Palestine où il était allé se faire couronner roi de

Jérusalem, anéantit les projets de Henri. Peu après, le jeune prince conspira de nouveau contre son père : arrêté à Trifels, il fut envoyé captif en Apulie, où il mourut (1237) au fort de Mortorano.

Conrad IV, son frère, fut reconnu à sa place par la diète de Spire, qui proclama en même temps l'indépendance de la ville de Strasbourg vis-à-vis son évêque.

Si, d'une part, l'autorité des évêques baissait, elle grandissait d'autre part. Le landgraf Henri de Werde (1232), Hartmann-le-Vieux, comte de Kibourg (1244), le comte de Linange pour Dabo (1239), le comte de Ferrette pour Eguisheim, Thann, Hohnack et Wineck (1251), l'empereur Frédéric lui-même pour Mulhouse, se reconnaissaient feudataires de l'évêque ; de sorte que l'église de Strasbourg devint une des plus riches d'Allemagne et son chef un prince très-puissant ; les plus nobles familles postulèrent un titre dans le chapitre, qui, depuis cette époque, ne se composait que de la plus ancienne noblesse.

Frédéric II, dont les excellentes qualités étaient surpassées par les vices les plus odieux, fut excommunié par Grégoire IX (1229) ; Innocent IV renouvela cette sentence au concile de Lyon (1245). L'assemblée de Würtzbourg le déposa et donna la couronne à Henri Raspe de Thuringe. Colmar, Schlestadt demeurèrent fidèles au monarque dépossédé, Rouffach avec l'évêque de Strasbourg s'attachèrent au parti de Henri. L'Alsace fut de nouveau le théâtre de la guerre. Les Colmariens furent vaincus par les troupes de Rouffach dans un combat près de Feldkirch, à l'endroit où se

trouve aujourd'hui le cimetière de Wettolsheim (1246);
mais Colmar eut sa revanche deux ans plus tard. D'un
autre côté, le duc Conrad IV entra en campagne pour
défendre les droits de sa famille ; mais il se fit battre à
Francfort, et l'évêque Henri de Stahleck s'empara des
châteaux de Conrad en Alsace pour les livrer au nouvel empereur. Henri poursuivit le cours de ses victoires et assiégea Ulm où il fut blessé. Les rigueurs de
la saison firent suspendre les opérations de la guerre,
et Henri alla mourir des suites de sa blessure à la
Wartbourg (fév. 1247).

Guillaume de Hollande est couronné à Aix-la-Chapelle. Une épouvantable anarchie règne par tout l'empire. Strasbourg, Mayence, Cologne, reconnaissent
Guillaume; Worms, Spire, Metz, Schlestadt, Colmar
appuient la famille déchue. Conrad IV est même privé
de son duché d'Alsace par la diète de Francfort (1254),
ce qui le pousse à ravager les terres de ses ennemis et
à brûler Sainte-Croix. Pendant cette guerre civile,
Frédéric, que l'Europe chrétienne ne regarde plus que
comme un fléau, meurt. Conrad passe en Italie, as-
siége Naples et meurt à 26 ans, empoisonné par Main-
froi ou Manfred, son frère bâtard, ne laissant qu'un
fils de 2 ans, Conradin (1254).

Pendant que l'empereur guerroyait dans les Pays-
Bas contre la comtesse de Flandre, l'empire, sans
chef, en proie à une agitation fiévreuse, n'offrait plus
de garantie et les cités n'attendaient plus rien des empereurs. Celles-ci cherchèrent donc un appui mutuel
dans une commune alliance, et soixante villes, parmi

lesquelles nous citerons Bâle, Colmar, Brisach, Schlestadt, Haguenau, Wissembourg, Cologne, etc. formèrent la *Confédération du Rhin* que Guillaume reconnut à Oppenheim (1255). L'année suivante, l'empereur étant en guerre contre les sauvages Frisons, les vainquit dans un combat sanglant ; mais il tomba ensuite dans une embuscade et fut tué à coups de flèches.

Les suffrages des électeurs se partagèrent sur deux têtes : les uns tombèrent sur Richard de Cornouailles, comte de Poitou, frère du roi d'Angleterre ; les autres sur Alphonse de Castille, dont la mère Béatrix avait été fille du duc d'Alsace Philippe (p. 54). Alphonse se contenta du titre et ne vint jamais prendre possession du trône. Richard se fit couronner à Aix-la-Chapelle et parcourut ensuite les provinces de l'empire. Strasbourg lui fit une réception pompeuse ; l'évêque fut comblé de faveurs : Richard le nomma son landvogt et vicaire de l'empire (1262). Le jeune Conradin réclama en vain son duché d'Alsace et de Souabe, Richard répondit par une lettre datée de Haguenau en 1262 : « Conradin, fils de feu le roi Conrad, et qui se nomme duc de Souabe, ne se contente pas de nous faire l'injure de se parer d'une gloire qui ne lui appartient pas, il porte encore témérairement la main sur cette noble et spéciale partie de l'empire qu'on appelle le duché de Souabe, depuis longtemps incorporé à l'empire, et qui n'a été conféré à Conradin ni de notre volonté, ni de celle de nos prédécesseurs d'illustre mémoire. » Cependant Conradin s'adressa aux villes d'Alsace et fit, sans succès, tous les efforts pour faire reconnaître son autorité.

Peu après, l'empereur, se sentant trop faible pour soutenir le prestige du pouvoir suprême, s'en retourna en Angleterre, laissant l'Allemagne en proie à l'anarchie. Ce fut le commencement de l'interrègne (1269).

A la faveur de ces troubles, de nouvelles villes : Guebwiller, Soultz, Wattwiller, Sainte-Croix, Mutzig, Molsheim, etc., se constituèrent.

C'est à cette époque que remonte le célèbre pèlerinage de Marienthal, près de Haguenau. Vers l'année 1220, un gentilhomme, Albert de Wangen, d'une des plus notables familles patriciennes de Haguenau, s'était retiré du monde et avait érigé dans la forêt une cellule où il faisait sa prière devant une statue de la Vierge placée dans le creux d'un chêne. Bientôt cette sainte image devint l'objet de la vénération des fidèles et amena le concours d'une foule de pèlerins. Ayant reçu plus tard les saints ordres, Albert, assisté de plusieurs membres de sa famille, fonda un petit couvent de guillelmites. A l'emplacement de l'oratoire appelé Alberts-Bethæuslein, Bourcard de Wangen et son épouse Ida construisirent une église, en 1225. D'année en année, un nombre plus considérable de pèlerins accoururent au sanctuaire de la Vierge, et les papes Innocent IV, Alexandre IV, Boniface IX l'enrichirent de faveurs.

L'évêque Walther de Hohen-Géroldseck chercha à supprimer les libertés dont Fréderic avait doté la ville de Strasbourg, et à la remettre sous son autorité. Il commença par établir les droits de péage, ce qui

donna lieu à un soulèvement. Les séditieux s'emparèrent du château épiscopal de Haldenbourg, près de
Mundolsheim, et le rasèrent. L'évêque, de son côté, quitta
la ville, y jeta l'interdit, et fit appel à l'archevêque de
Trèves, aux abbés de Murbach, de Saint-Gall, au
comte Rodolphe de Habsbourg et autres seigneurs.
Les comtes d'Ochsenstein, Walther de Gierbaden, le
prévôt Rœsselmann de Colmar, prirent le parti de la
ville : mais Colmar, étant revenu sur son alliance,
exila le prévôt et le remplaça par un Rathsamhausen.
   L'évêque alla donc mettre le siége devant Strasbourg. Après un premier combat sanglant, on conclut
un armistice de trois mois pour la rentrée des moissons. Strasbourg mit cette suspension d'armes à profit
pour gagner le comte d'Habsbourg à sa cause et le
nomma généralissime. Cette défection entraîna celles
de Bâle, de Mutzig et de Molsheim. Alors la guerre fut
poussée avec acharnement. Rœsselmann, brûlant de se
venger de son exil, alla faire des propositions à Rodolphe à Ensisheim, pour lui livrer Colmar après qu'il
s'y serait introduit dans un tonneau. Ce stratagème
réussit à merveille. La nuit, les portes de la ville s'ouvrirent, les troupes strasbourgeoises y entrèrent au cri
de « *Habsbourg!* » et les partisans de l'évêque durent
chercher leur salut dans la fuite. Mulhouse et les autres villes de la Haute-Alsace, Rouffach excepté, firent
leur soumission. L'évêque surprit Colmar à son tour,
déjà les troupes épiscopales inondaient les rues de la
ville au cri de « *Evêque de Strasbourg!* » quand Rœsselmann les arrêta et les repoussa après une sanglante
mêlée dans laquelle il périt.

On en vint enfin à une action générale et décisive
près de Oberhausbergen (1262). L'armée de l'évêque,
inférieure en nombre, fut, après une lutte désespérée,
taillée en pièces : 60 nobles de tués, parmi lesquels
Herrmann, le frère de l'évêque, 76 prisonniers, telles
furent les pertes de la troupe vaincue. Walther lui-
même avait eu deux chevaux tués sous lui.

De guerre lasse, on signa la paix. Rodolphe devait
conserver le droit d'advocatie sur le Haut-Mundat,
recevoir 7,000 marcs (350,000 fr.), et évacuer les villes
de Colmar et de Mulhouse. L'évêque, de son côté,
lèverait l'interdit qui pesait sur Strasbourg. Walther
ratifia cette convention: il mourut de chagrin peu après,
et fut enterré à Dorlisheim, à côté de son frère (1263).

Son successeur, Henri de Géroldseck-ès-Vosges,
acheva de cimenter cette paix. Voici, d'après Laguille,
le traité que le prélat fit avec la ville : « Il appartient
à l'évêque de donner la charge de prévôt de la ville,
ou à un serviteur de la maison de Dieu, ou à un bourgeois au choix de l'évêque, mais le prévôt aura pour
assesseurs deux bourgeois qui jugeront avec lui les
procès.

« L'évêque est en droit de nommer un burggraf qui
doit être du nombre de ceux qui sont au service de
l'Eglise, lequel nommera un maître qui aura inspec-
tion sur chaque métier et ne connaîtra que des points
qui appartiennent au métier.

« Un bourgeois doit être receveur des péages et maître de la monnaie.

« La ville a le droit de mettre ses troupeaux dans
les pâturages communs.

« On la laissera jouir sans aucun trouble des priviléges et des immunités que les empereurs et les papes
lui ont accordés.

« Dans le besoin la ville peut faire des alliances
sans que personne soit en droit de s'y opposer.

« Le magistrat a le pouvoir de nommer un chape-
lain pour desservir l'autel privilégié qui, dans la
cathédrale, était affecté aux magistrats, et qui, par
concession des papes, ne pouvait être sujet à aucun
interdit.

« L'hôpital est au pouvoir de la ville, à qui il
appartient d'en nommer les administrateurs. »

Strasbourg plaça, en témoignage d'éternelle reconnaissance, la statue équestre de Rodolphe dans le
portail de la cathédrale, à côté de celles de Clovis et de
Dagobert.

Sur ces entrefaites, le jeune et infortuné Conradin,
le dernier héritier du duché d'Alsace, le dernier représentant de la fière race des Hohenstaufen, termina, à
Naples, sa vie sous la hache du bourreau, avec Fréderic de Bade, son ami d'enfance, par ordre de Charles
d'Anjou (oct. 1268).

L'empereur Richard, qui avait beaucoup favorisé
les villes commerçantes sur le Rhin, mourut en 1272,
et Rodolphe apprit, au blocus de Bâle, son élévation
au trône impérial (1273).

CHAPITRE VI.

L'époque que nous traversons est une des plus tristes et des plus agitées de notre histoire. Le génie des combats, la force brutale, l'esprit de faction et de turbulence, le droit du plus fort, le *Faustrecht*, d'après la naïve expression des chroniqueurs, dominent partout. L'avènement de Rodolphe va clore les troubles de l'interrègne. L'empereur aura cependant fort à faire pour bien établir son autorité en Alsace, les seigneurs s'étant rendus trop indépendants dans leurs châteaux forts, dont près de 300 couvraient le sol de la province.

A peine Rodolphe a-t-il quitté l'Alsace pour aller combattre Ottocaire II, roi de Bohème, qui refusait de le reconnaitre, que de toutes parts on court aux armes. Mulhouse, ensanglantée par la guerre civile, est attaquée par les évêques de Bâle et de Strasbourg ; Blotzheim est pris et dévasté par l'évêque Reichenstein ; Colmar et Schlestadt refusent tout tribut ; le prévôt de Colmar, Sigefroi de Gundolsheim, destitué de ses fonctions par Othon d'Ochsenstein, neveu de l'empereur et landvogt d'Alsace, se retire dans son château de Haut-Landsperg (construit en 1260) en le bravant ; Haguenau se soulève contre Othon et le chasse de ses murs ; Anselme-le-Téméraire de Ribeaupierre ravage les terres de l'évêque de Bâle, brûle Saint-Hippolyte, rançonne deux marcs par tête les bourgeois de Horbourg; Lauterbourg se mutine; une bande de brigands se rend maitresse de Schœneck et de Reichenstein et en fait des repaires redoutables pour le voisinage.

Ottocaire défait et tué (1278), Rodolphe arrive. Le châtiment des méfaits ne se fait pas attendre. Colmar se rend après cinq jours de siége et est taxé à une somme de 2,200 marcs; Lauterbourg est châtié après plusieurs semaines de résistance; Reichenstein et Schœneck, ces nids de voleurs, sont détruits; Haguenau est forcé de rentrer dans le devoir; Anselme de Ribeaupierre traite avec l'empereur; Ochsenstein enlève le Haut-Landsperg de vive force, et se fait ouvrir les portes de Porrentruy; Mulhouse est définitivement réunie à l'Empire.

Colmar ne se hâta pas de payer la contribution imposée par l'empereur; bien plus, la ville prit fait et cause pour un imposteur, Tili Kolup, dit Holzschuh, se donnant pour Frédéric II. Rodolphe rassembla son armée à Brisach et vint assiéger Colmar, qui se rendit bientôt (1285), paya 4,000 marcs et livra le faux Frédéric qui termina sa vie sur le bûcher.

Le prévôt Sigefroi de Gundolsheim ayant été tué par les seigneurs de Girsberg (Munster), qui brûlèrent en outre Wihr et Turckheim, ceux-ci furent mis au ban de l'empire : Colmar fut chargé d'exécuter la sentence impériale, et le château de Girsberg fut démoli.

En 1281, Rodolphe publia une ordonnance qui,

pour la rédaction de tous actes impériaux, reconnaît
l'usage simultané du latin et de la langue allemande,
de ce tudesque encore barbare, informe, et dont la
rudesse s'est conservée depuis cinq siècles dans le
langage sundgauvien.

Rodolphe mourut à Germersheim, en 1291, et ses
restes furent déposés dans le caveau impérial de Spire.
Sous son règne plusieurs bourgs avaient pris le rang
de cités : Ensisheim, Saint-Amarin, Hagenbach,
Sultzbach, Riquewihr, Obernai, Niedernai, Reichshoffen, Landau. Cette dernière était devenue ville impériale. Ensisheim devint plus tard le siège de la
régence autrichienne, capitale de la Haute-Alsace; le
sceau du landgraviat y fut déposé. Elle eut le droit de
frapper monnaie; son sénat jugeait sans appel.

Adolphe de Nassau ceint le diadème impérial en
dépit du landgraf Albert d'Autriche, fils de Rodolphe.
L'Alsace est en feu. Albert ayant maintenu Othon III
d'Ochsenstein dans ses fonctions de préfet, Colmar se
déclare contre lui; Anselme de Ribeaupierre, au
contraire, s'attache à sa fortune. Aussitôt Adolphe
s'avance avec une forte armée et ravage les terres d'Anselme; il assiège vainement Ribeauvillé pendant dix
jours, tandis que Cunon de Berkheim enlève Guémar.
Après six semaines de siège, Colmar est affligé par
la famine, les bourgeois se soulèvent et s'emparent des
clefs de la ville. Frédéric de Lichtenberg, frère de
l'évêque, et Anselme, que le traître Rœsselmann avait
reçus dans la ville, cherchent leur salut dans une
prompte fuite. Le premier réussit à s'échapper; le

second est reconnu, pris et livré à Adolphe qui confisque ses biens, laissant les deux tiers à sa famille, en garde l'autre tiers, et retient le châtelain turbulent captif pendant deux ans dans le fort d'Acheln, en Souabe. Quant à Rœsselmann il est lié sur une roue, la main droite attachée à une perche, promené ainsi par les principales villes de l'Alsace, exposé à la risée et au mépris du peuple, et jeté ensuite dans le sombre donjon de Schwartzbourg (Munster), où il meurt. Colmar paye une forte contribution de guerre et Cunon de Berkheim est investi des fonctions de préfet. Puis Adolphe marche sur Erstein : mais l'évêque Conrad et le comte de Werde ayant demandé grâce, l'empereur leur accorde le pardon.

Cependant une ligue se forme. Albert, soutenu par le roi de France, Philippe IV, en est déclaré le chef à Mayence; il rallie à son parti son cousin, Othon d'Ochsenstein. Adolphe se hâte d'entrer dans la Haute-Alsace où il perd son temps à faire le siège de Rouffach et d'Eguisheim; il se met ensuite à la poursuite d'Albert, passe le Rhin à Brisach, et rencontre dans le Palatinat son rival qui le tue de sa propre main à la bataille de Gellheim (1298). Ochsenstein périt étouffé sous le poids de son armure.

Albert, délivré de son compétiteur, vint à Strasbourg où l'on fit de grandes fêtes en son honneur. Pendant la nuit le feu se déclara dans les écuries du prince, et, malgré les prompts secours, 355 maisons furent la proie des flammes. La cathédrale fut fortement endommagée le plomb de la toiture fondit et coula jusque dans la Bruche.

L'évêque Conrad de Lichtemberg étant allé au secours de son beau-frère Egon qui faisait le siége de Fribourg, y fut mortellement blessé, et eut pour successeur son frère Fréderic (1290). Sous son épiscopat, la nef de la cathédrale avait été enfin achevée, en 1275.

De terribles inondations causées par le débordement du Rhin signalèrent l'année 1302.

En 1308, la Suisse se souleva contre l'Autriche, et Albert I tomba sous le poignard de son neveu, Jean, et de quelques complices, à Windisch, sur la Reuss. Cet évènement tragique fit sortir un instant le sceptre de la maison de Habsbourg, et donna lieu à une vengeance atroce. Sa veuve, Elisabeth, et sa sœur, Agnès de Hongrie, firent démolir tous les châteaux des conjurés, et mettre à mort tous leurs amis et serviteurs. Rodolphe de la Warth, qui n'avait pas personnellement contribué au meurtre d'Albert, fut roué vif et son castel de Winckel, près de Ferrette, détruit. Un jour, la reine Agnès, voyant couler le sang innocent de 63 des gens de service de Palm qui avait achevé l'empereur, s'écria : « *Nun bad'ich im Maienthau!* »

Sous le règne d'Albert Ier, Erstein, Bollviller, Eguisheim, Ribeauvillé, avait reçu le droit de cité

Le chevaleresque comte Henri de Luxembourg lui succéda. Godefroi de Linange fut créé landvogt, et Léopold d'Autriche devint landgraf de la Haute-Alsace.

Son règne fut court : assez long cependant pour montrer la noblesse de ses sentiments et l'éclat de son courage. Henri VII mourut subitement à Buonconvento (1313)* en marchant contre Robert, roi de Naples, pendant qu'une horrible peste désolait Strasbourg où 14,000 personnes furent enlevées.

Fréderic-le-Bel, fils d'Albert Ier, et Louis de Bavière se disputèrent la couronne impériale. L'Alsace se déclara pour Fréderic. Une guerre de huit ans s'ensuivit. Battu à Mühldorf (1322) et fait prisonnier, Fréderic renonça au trône, ce qui délivra Louis de son rival, mais non de ses ennemis. Le pape Jean XXII défendit à Louis de porter le titre de roi, jusqu'à ce qu'il fût statué sur ses droits. Louis, au contraire, fit publier des pamphlets contre le pape et usa des droits de la couronne. Pour ces faits, il fut excommunié. Le landgraf Léopold, frère de Fréderic, se mit alors à ravager l'Alsace et força l'empereur à lever le siége de Seltz ; il détruisit Saint-Hippolyte, appartenant à Ulric de Werde, landgraf de Basse-Alsace, allié de Louis IV.

Fréderic et Léopold étant morts (1330), leur frère, Othon, soutenu par l'évêque Berthold II et l'évêque de Constance, alla mettre le siége devant Colmar. Louis IV vint camper à Haguenau où il nomma Ulric de Wurtemberg son landvogt. Celui-ci surprit la ville de Benfeld, la pilla et en chassa tous les habitants. Désireux de mettre fin aux horreurs de la guerre, Louis compta à Othon 20,000 marcs ; l'évêque Berthold leva le siége de Colmar, et les habitants de Benfeld purent retourner dans leurs foyers.

En 1332, la guerre civile éclata à Strasbourg. Les deux plus puissantes familles de la ville, les Zorn et les Müllenheim s'y disputaient le pouvoir. Les querelles de ces familles patriciennes donnèrent lieu à des rencontres journalières où les poings jouaient le principal rôle. On en vint même (1321) jusqu'à construire un nouvel hôtel-de-ville, parce que l'ancien se trouvait plus à proximité de la taverne des Müllenheim que de celle des Zorn, ce qui donnait du retard à ces derniers quand la dispute éclatait au Conseil. Bientôt les nobles forains se mêlèrent dans la question qui s'envenima de plus en plus. Le peuple profita de ces troubles pour secouer le joug de la noblesse. Vaincue dans une première rencontre, la bourgeoisie fit payer cher aux patriciens cette victoire. Les partisans des Zorn et des Müllenheim furent désarmés et consignés dans des quartiers différents. Un nouveau sénat fut constitué; Burkard Twinger, boulanger, chef du mouvement, devint *ammeister*, quatre nouveaux *stettmeisters* furent élus, au gouvernement oligargique on substitua une république démocratique dans laquelle, cependant, on conserva encore quelques places à la noblesse. Strasbourg sut honorer son héros: après quatorze ans de gouvernement, Twinger étant mort (1346), on l'enterra au milieu de la cathédrale et on lui éleva un magnifique mausolée.

Dès lors Strasbourg devint une république florissante dont la bannière flottait à la tête des armées et à côté de l'aigle impériale (note XVII). Colmar, Mulhouse, Schlestadt, Wissembourg imitèrent ce mouvement, et la classe plébéienne entra pour les deux tiers dans le énat de ces villes.

L'année 1335 est marquée par une formidable invasion des sauterelles. Cette plaie égyptienne ravagea
pendant trois années consécutives les campagnes d'une
manière horrible.

Les juifs, accusés d'usure et de toutes sortes de crimes, détestés pour leurs immenses richesses, devaient
beaucoup souffrir de l'ignorance et de l'exaltation religieuse du peuple, toujours prêt à saisir l'occasion pour
tomber sur eux. Un prétexte plausible se présenta enfin : Un gentilhomme franconien ayant été tué par un
juif, son frère, chevalier de Saint-Jean, excita partout les chrétiens contre ce peuple abhorré. Une troupe
de fanatiques, sous les ordres de trois chefs des plus
exaltés, Vetter Toms, cabaretier de la Haute-Alsace,
Unbehoven de Dorlisheim et Zimberlein d'Andlau,
parcoururent le pays, précédés de la croix et d'une
bannière. Les *Armleder* (bracelets de cuir) — c'est
ainsi qu'ils s'appelaient eux-mêmes — réunirent un
petit corps d'armée à Dorlisheim, en mai 1337. Leurs
armes consistaient en faux, fourches, massues, halle-
bardes, dagues, etc. ; tous les juifs qui leur tombaient
sous les mains furent égorgés, empalés, brûlés, au
nom du Christ : 1500 de ces infortunés périrent ainsi
seulement à Rouffach et à Ensisheim. Saisis de terreur, les infortunés israélites cherchèrent un asile à
Colmar. Une foule d'individus sans aveu s'étant joints
à la sauvage horde des Armleder, la ville fut sommée
de livrer les transfuges, sous peine de se voir assiégée.
Louis IV se hâta de venir en Alsace pour rétablir
l'ordre ; le landvogt Albert de Hohenberg, à la tête des

milices des villes libres, dispersa ces bandes que l'évêque Berthold acheva d'anéantir, en 1338.

Louis IV mourut d'apoplexie à la chasse, et Charles IV, neveu de Henri VII, qui avait été élu roi d'Allemagne, en 1346, du vivant de Louis, lui succéda (1347). Dès l'année suivante, l'empereur vint à Strasbourg, où l'évêque Berthold le reçut avec grande pompe, en présence des barons et des députés des villes confédérées ; il confirma toutes les libertés et immunités concédées à la ville par ses prédécesseurs.

Cette même année une violente secousse de tremblement de terre se fit sentir le 15 janvier. Des maladies contagieuses suivirent. La peste noire qui venait d'enlever 30 millions de personnes en Chine, avait gagné l'Europe, où elle s'était rapidement propagée et avait fait en peu de temps 25 millions de victimes. Sur l'avis de leurs médecins, les juifs s'étaient abstenus de puiser aux fontaines publiques, et comme le fléau les épargnait, le peuple les accusa de l'empoisonnement des sources. L'évêque et les barons, dans une assemblée tenue à Benfeld, décrétèrent leur bannissement. Cette demi-mesure ne satisfit personne. Colmar, cette fois, fut fatal aux juifs : tous furent brûlés en un lieu appelé depuis Fosse-aux-Juifs. A Strasbourg, l'ammeister Schwarber et les stettmeisters Gose Sturm et Conrad de Wintherthur essayèrent en vain de les sauver : l'exaspération publique amena une sédition. Les corporations des artisans se réunirent au Fronhoff (place de la cathédrale), dégradèrent les trois

Meisters, nommèrent ammeister le chef de la corpora-
tion des bouchers, Jean Bettschod, les stettmeisters
furent Nicolas Zorn de Bulach, dit Lapp et trois
autres nobles, tous portés à la destruction des juifs. Le
massacre commença le samedi 15 février 1349. Sur
2000 de ces malheureux, 900 furent brûlés vifs : la
Rue Brûlée perpétue le souvenir de ces exécutions
inhumaines. Cette horrible boucherie fut suivie d'une
recrudescence du fléau : 1712 personnes périrent en
une semaine. La contagion ne disparut qu'en 1353.

Les malheureux proscrits purent rentrer à Strasbourg, en 1368, pour douze ans, moyennant un tribut
de 20,000 florins ; après ce laps de temps, on les
expulsa de nouveau. Dans la suite, on ne leur permit
que l'exercice de quelque petit commerce de friperie,
et le jour seulement ; ils devaient quitter la ville
avant la fermeture des portes.

Schlestadt ne fut pas plus favorable aux infortunés hébreux. Une lettre écrite par le magistrat de
cette ville à celui de Francfort, confirma tous les
prétendus crimes de ce peuple. L'orage une fois
passé, les juifs revinrent en grand nombre ; mais
ils furent tellement maltraités et persécutés, que
l'empereur dut mettre la ville au ban de l'empire
(1387), ban qui ne fut levé que trois ans après. —
Les juifs s'étaient tellement accrus à Haguenau,
sous la protection de l'empereur, que Sigismond
décréta, en 1436, la défense de leur louer ou vendre
des maisons. — Münster leur défendit l'entrée de la
ville ; un arrêté de 1558 interdit même l'eau et le feu
à tout bourgeois qui traiterait avec eux. — Landau fut

la seule ville d'Alsace où ils purent se maintenir. 1789 leur donna la liberté et le droit commun.

Charles IV avait contracté d'immenses dettes pour parvenir à l'empire. Pour les couvrir, il établit un péage sur le Rhin. Strasbourg, dont le commerce était florissant, et qui avait le monopole de la navigation sur ce fleuve de Bâle à Mayence, s'y opposa et barra le fleuve de pieux et de chaines. Tous les riverains souffrirent beaucoup de cet état de choses, et l'empereur, après deux ans d'infructueuse attente, rapporta son édit (1351). Il s'en dédommagea en engageant l'advocatie sur les villes impériales à Robert, comte palatin, pour 50,000 florins.

En 1353, Charles IV vint à Molsheim voir l'évêque Berthold mourant. Il se fit ouvrir les tombes de saint Florent à Haslach, de saint Urbain à Erstein, de saint Lazare à Andlau et de sainte Odile, et en emporta des reliques dont il enrichit la cathédrale de Prague.

L'année suivante, l'empereur vint passer les fêtes de Pâques à Kaysersberg. Il provoqua entre les villes de la Décapole une alliance dont il rédigea lui-même le code. Le landvogt de Haguenau en fut déclaré le protecteur. Ce traité, auquel souscrivirent les dix villes de Haguenau, Colmar, Mulhouse, Munster, Turckheim, Kaysersberg, Schlestadt, Obernai, Rosheim et Wissembourg, garantissait ces cités contre toute agression étrangère. Dans le cas où l'une d'elles serait attaquée, le landvogt devait, à la tête des milices des autres villes confédérées, marcher contre l'agresseur. Mulhouse se détacha plus tard de l'union et entra dans la Confédération helvétique (1513).

La célèbre Bulle d'or — ainsi appelée du sceau impérial renfermé dans une capsule d'or suspendue au parchemin — qui statuait la loi fondamentale de l'empire (1356), défendit par l'article 15 aux villes libres de recevoir en qualité de bourgeois les colons ou serfs fugitifs, sujets de seigneurs voisins. Ces colons étaient appelés *Pfahlbürger*, nom qui rappelle l'enceinte fermée de palissades qu'ils occupaient dans ces villes. Les magistrats de Strasbourg protestèrent contre cette ordonnance ; mais l'évêque et les seigneurs, qui ne voulaient pas que ces bourgeois échappassent à leur juridiction, surent faire maintenir cet article de la bulle. Les colons qui demeuraient ainsi sous la juridiction de leurs seigneurs respectifs tout en jouissant du droit de bourgeoisie dans les dites villes, se nommaient *Ausbürger*. Cependant un diplôme de Charles IV, de 1360, maintint par privilège les pfahlbürger pour les dix villes libres.

Cette année, Bâle fut renversée par un tremblement de terre. Les secousses répétées de cette commotion se firent sentir fortement à Strasbourg, où la population commença à sortir de la ville pour habiter sous des tentes ; le magistrat s'y opposa. Dans cette calamité, l'évêque ordonna une procession publique, laquelle se continua chaque année jusqu'en 1524 ; les sénateurs y assistaient nu-pieds, couverts de manteaux gris et tenant en main un cierge du poids d'une livre. Après la cérémonie, l'on distribuait ces manteaux et du pain aux pauvres de la ville.

On a vu plus haut (page 27 et note IX) l'Alsace sub-divisée en deux landgraviats, le Nordgau et le Sund-gau. Jusqu'au XIe siècle, la plupart des landgrafs étaient de la famille d'Attic sans que toutefois cette charge fût héréditaire. Cependant les Habsbourg, au XIIe siècle, réussirent à maintenir cette dignité dans leur famille pour la Haute-Alsace. Parvenus à l'empire, ils continuèrent de porter le titre de landgraf jusqu'à l'époque de la réunion de l'Alsace à la France : dès lors ce titre fut porté par le roi de France. Dans la Basse-Alsace, les comtes de Metz (1097) transmi-rent cette charge, en 1192, aux Werd, héritiers de Godefroi ; en 1336, elle passa à la famille d'Œttingen qui la vendit (1359) à l'évêque Jean de Lichtemberg. Les évêques de Strasbourg se trouvaient ainsi investis de la juridiction du landgraviat jusqu'à la Révolution française : il est vrai cet office avait fini par n'être plus qu'un titre d'honneur dépourvu de toute juri-diction.

L'évêque Jean avait été nommé par Charles IV avoué d'Alsace et vicaire de l'empire. Ce prélat se distingua autant par ses hautes vertus et son caractère conciliant que par ses talents administratifs. Depuis l'acquisition du landgraviat, le titre héréditaire de maréchal de l'évêché fut porté par tous les membres de sa famille.

CHAPITRE VII.

L'année 1365 vit fondre sur l'Alsace ces bandes in-
disciplinées et pillardes, connues sous le nom de *Grandes Compagnies*, formées par le prince Édouard d'Angleterre et licenciées après la bataille de Poitiers
(1360). Désignées par le peuple sous les noms de *malandrins, routiers, Engelænder* (Anglais), ces hordes
sauvages pillaient les villages et les châteaux, et se
livraient à tous les excès de la plus infâme brutalité.
Cette armée, composée de 60,000 hommes, était commandée par Arnauld de Servole, appelé *l'archiprêtre*,
parce qu'il avait servi dans les guerres de l'Ordre teu-
tonique. Tout le pays étant saccagé, les malandrins,
ne trouvant plus rien à piller, sortirent de l'Alsace
après un séjour de quatre semaines.

L'armée de Charles IV, qui les suivait toujours à
une journée de marche, inquiéta aussi peu les pillards
qu'elle ne rassura les pillés. La retraite de l'empereur
acheva de porter la désolation dans les campagnes. On
était au temps des moissons. Tout fut abîmé par les
fantassins et les cavaliers, le reste devint la proie des
souris. Il s'ensuivit une disette qui fit monter le sac de
blé à 16 florins. Les années suivantes furent également

mauvaises, de sorte que les maladies épidémiques ne tardèrent pas à joindre leurs ravages à tant de désolation. Le vertueux et charitable évêque Jean, à la vue d'aussi grands malheurs, tomba malade de chagrin et mourut le 15 septembre 1365. Le peuple l'honora comme un saint. Son successeur, Jean III de Luxembourg, ne fit que passer sur le siége de Strasbourg, qu'il quitta pour celui de Mayence.

Le Sénat de Strasbourg publia un édit, en 1372, ordonnant à tous les nobles, habitant Strasbourg, de faire leur déclaration s'ils voulaient être bourgeois de la ville ou non. Ceux qui refusaient devaient être bannis pour dix ans. La plupart des gentilshommes obéirent : Jean Erb n'y obtempéra pas et fut banni. Outré de cette prétendue injure, il se déclara l'ennemi de Strasbourg, se lia avec Burckard de Fénétrange, pilla tous les bourgeois et les nobles qui lui tombaient entre les mains. A la tête de 56 brigands, il s'empara du château de Herrlisheim, propriété du chevalier Eppe de Hattstadt, Ausbürger de Strasbourg, et fit tout le mal qu'il put. Le prévôt d'Ensisheim châtia Erb : le château fut pris d'assaut, 53 des brigands furent les uns roués, les autres décapités ou pendus : Erb et deux autres furent relâchés et tués peu après.

Le 5 octobre 1375, une bande de 70,000 routiers s'abattit de nouveau sur l'infortunée Alsace. Enguerrand de Coucy, le chef de ces forcenés, vint pour revendiquer l'Alsace et le Brisgau du chef de sa mère : Léopold II d'Autriche, fils aîné d'Albert I, avait laissé une fille, Catherine, laquelle avait épousé le sire de Coucy : de ce mariage était issu Enguerrand VII. Il réclama donc les biens allodiaux de sa mère, mais le landgraf Léopold III repoussa toute demande. Furieux de ce refus, Coucy menaça de faire lui-même droit à ses réclamations.

Malgré la douceur du manifeste de leur chef, les envahisseurs furent les dignes émules de ceux de 1365. Ils occupèrent Pfaffenhoffen, Lampertheim, Barr, Erstein, furent repoussés avec perte de Haguenau, reçurent 3,000 florins du magistrat de Strasbourg pour s'éloigner, et massacrèrent 350 paysans à Marlenheim ; la trahison leur livra la seule ville de Wangen. De la vallée de Massevaux (in villa Masonis) dont il s'était rendu maître, Coucy adressa inutilement des lettres aux villes de Colmar et de Strasbourg pour les intéresser à sa cause. Ces lettres portent les dates des 23 et 24 septembre 1375. Léopold III, qui s'était enfermé dans Brisach avec le duc de Wurtemberg, n'opposa à l'étranger que dévastation et disette ; aussi les vivres venant à manquer totalement, les routiers se dirigèrent sur Bâle. Battus par les Bernois à Frauenbrunn, ils rentrèrent de nouveau en Alsace. Ils surprirent Altkirch, y pénétrèrent la nuit pour la piller et la ruiner ; mais, d'après un ancien manuscrit, la Vierge, protectrice de la ville, apparut, toute éclatante de lumière. La frayeur saisit cette horde de sauvages et la mit en fuite. De là, ils tombèrent sur Wattwiller, l'enlevèrent et y firent périr 100 paysans. Léopold ayant cédé au sire de Coucy les seigneuries de Nidau et de Buren, ses bandes quittèrent l'Alsace, en janvier 1376. Coucy fut

tué avec son fils à la bataille de Nicopolis (1396).
C'était le douzième Concy mort en Palestine ! Avec lui
s'éteignit cette famille qui avait jeté un grand éclat du
XIᵉ au XVᵉ siècle.

Les années d'abondance extraordinaire qui suivirent
firent bientôt disparaitre les funestes effets de ces
invasions.

Charles IV meurt et son fils Wenceslas, prince
féroce, ivrogne, sanguinaire, débauché et faible, est
appelé au trône (1378). L'empire est désolé par l'anarchie ; les grands et les nobles, profitant de l'inertie de
l'empereur, travaillent à s'agrandir et à se rendre
indépendants ; la lutte entre l'aristocratie et la démo-
cratie devient de plus en plus vive.

En 1386, la maison de Habsbourg vit se briser la chai-
ne qui rivait la Suisse à ses possessions par la sanglante
bataille de Sempach, où l'élite de la noblesse alsacienne périt avec son duc. Parmi les victimes de cette
funeste journée, on compte : cinq de Reinach, quatre
de Morimont, trois de Greiffenstein, trois de Waldner,
trois de Rathsamhausen, deux d'Andlau, deux de
Hattstadt, etc.

Cette défaite fut le signal d'une attaque ouverte des
villes confédérées du Rhin contre le palatin Robert.
Strasbourg, Spire, Worms, Mayence ravagèrent les
domaines de Robert, brûlèrent Brumath et autres
villages appartenant aux Linanges. Le palatin, par
représailles, incendia tous les villages, au nombre de
150, depuis Hausbergen jusqu'à Molsheim. Les deux
partis, épuisés, firent la paix : les villes belligérantes, à

l'exception de Strasbourg, durent payer une forte contribution de guerre. Strasbourg célébra la paix par un splendide tournoi.

Wenceslas fut déposé comme « incapable, indigne et injuste », et le palatin Robert de Bavière élevé à l'empire (1400). Ce prince s'empressa d'entrer en possession de ses domaines, et vint à Strasbourg avec sa famille où l'évêque lui fit un accueil des plus grandioses : il conclut un traité d'alliance avec les villes impériales, en 1408, dans le but de traverser les desseins peu sympathiques qu'avaient certains princes et certaines villes pour sa personne.

En 1386, Brunon de Ribeaupierre signa un traité d'alliance avec Charles IV de France contre l'Angleterre. Le roi l'appelle dans cet acte « très cher et bien amé Brun de Ribeaupierre, chevalier, seigneur de Guyrspar » (Girsberg, l'un des trois châteaux). Peu après, Brunon se fit recevoir bourgeois de Strasbourg, ce qui devait attirer à cette ville beaucoup de désagréments. Un aventurier anglais, le chevalier Harleston, partisan du sire de Coucy, ayant été surpris ravageant les terres de Brunon, fut écroué dans un donjon et sa rançon fixée à 100,000 florins. En vain Richard II d'Angleterre, le pape Urbain VI, Wenceslas intervinrent pour faire relâcher ce seigneur, rien n'y fit. Strasbourg soutint son client et fut mis au ban de l'empire. Serrée de près par le landvogt, auquel s'étaient adjoints Bernard de Bade, Eberhard de Wurtemberg, Henri de Lützelstein, Henri et J. de Lichtemberg, Henri de Géroldseck et tous les débiteurs de la riche cité, la ville, après un an de résistance, dut payer 32,000 florins pour la levée du ban. Brunon, de son côté, trahit la ville et profita de cette occasion pour s'emparer de Guémar et de Ribeauvillé, engagés le premier aux Müllenheim, le second à la ville même de Strasbourg. Celle-ci avait sacrifié dans cette affaire un million de florins pour protéger un brouillon indigne et parjure. Comme dédommagement, l'empereur accorda à la cité le droit de péage sur le Rhin.

Sur une montagne dans la vallée de la Zorn, vis-à-vis du Haut-Barr, se trouve encore aujourd'hui une grotte de 30 mètres de profondeur, appelée la grotte de Saint-Vit ou Saint-Guy. Il s'y trouve une chapelle dédiée à ce saint. En 1418, l'Alsace et surtout Strasbourg furent affligés d'une singulière maladie à laquelle on a donné le nom de Danse de Saint-Guy. La crédulité de ce siècle attribuait ce mal au démon. Le magistrat de Strasbourg fit une ordonnance d'après laquelle tous ceux qui étaient atteints de cette maladie, devaient aller en pélerinage à la dite chapelle. L'offrande, que l'on déposait sur l'autel du Saint, consistait en crapauds de fer, car on prétendait que la forme de cet animal hideux ressemblait à la partie du corps où le mal avait son siége (note XVIII).

Robert mourut à Oppenheim, en 1410, et eut pour successeur Josse de Moravie, qui ne fit que passer sur le trône. Sigismond, frère de Wenceslas, prince doué de belles qualités, fut désigné par les électeurs pour lui succéder. Celui-ci resserra encore plus étroitement que ses prédécesseurs l'alliance avec les villes impériales. Par un acte daté de Coblence, il s'engagea même envers ces cités à les garder toujours sous sa royale protection, et à ne jamais les engager ni les aliéner (1414).

Le XV° siècle nous fait assister à une révolution toute pacifique, révolution qui va changer la face de l'Europe en ouvrant un nouveau domaine à l'esprit humain et des voies jusqu'ici inconnues à la civilisation. Vers 1430, Jean Gænsefleisch de Sulgeloch, dit Gutenberg, gentilhomme mayençais, fuyant la haine de ses compatriotes pour les nobles, vint à Strasbourg, où il s'occupa d'arts secrets, et notamment de l'impression en caractères mobiles. Il s'en retourna à Mayence (1444), où il s'associa avec le riche Faust et l'artiste Schœffer : ce dernier avait été copiste de manuscrits à Paris. Dès lors, cet art merveilleux, cette brillante invention, qui allait faire de la parole un levier et un marteau, se perfectionna rapidement et se répandit bientôt dans toute l'Europe. Déjà en 1466, les imprimeurs Mentelin et Eggestein, élèves de Gutenberg, firent paraître à Strasbourg une bible in-folio : le landvogt de Haguenau leur accorda des priviléges. On éleva des monuments à Gutenberg à Mayence (1837), à Strasbourg (1840) et à Paris (1852).

Si, d'une part, le génie créateur s'efforçait de briser les barrières de l'ignorance, de régénérer et d'édifier, le génie destructeur se plaisait, d'autre part, à amonceler les ruines.

Albert II, qui avait succédé (1438) à Sigismond, mourut après deux ans de règne, laissant la couronne à

Frédéric IV, prince faible, incapable, avare, grand ami du repos. La minéralogie, la botanique, l'astrologie et la magie l'occupaient beaucoup plus que les affaires de l'empire. Aussi son règne, un des plus longs, fut-il un des plus agités.

Pour la première fois, l'Alsace vit paraître ces guerriers indisciplinés, connus sous le nom d'Armagnacs, — nom qui rappelle les luttes sanglantes pendant la minorité de Charles VII, — mais auxquels le peuple, par analogie de sons, donna le sobriquet de « arme Gecken ». Sous la conduite de Jean de Fénétrange, ces brigands, qui se donnaient eux-mêmes l'épithète de « Schinder » (écorcheurs), dévastèrent Haguenau, Brumath, Dachstein, Molsheim, Rosheim, Andlau, Epfig, Dambach. Le comte Jean de Lichtenberg tenta de les arrêter, mais ses troupes furent battues et dispersées à Steinbourg : un paysan de cet endroit, ne pouvant fournir l'argent qu'on lui réclamait, fut rôti sur le feu et ensuite frotté de sel. Ces hideux excès durèrent trois semaines. Le palatin Louis, à la tête de 10,000 hommes, marcha contre les envahisseurs, qui se dirigèrent alors vers le Sundgau, chargés de butin, après avoir brûlé 110 villages. Le landvogt d'Ensisheim entra en pourparler avec eux et leur offrit mille florins et un étalon de 200 florins pour chaque capitaine ; mais la noblesse refusa de souscrire à ces conditions humiliantes. Continuant leur marche, ils rançonnèrent Dannemarie, s'établirent à Grandvillars, où ils massacrèrent un grand nombre d'enfants. Ils rentrèrent enfin en France par Montbéliard (1439).

On a vu plus haut (page 69) comment la Suisse reconquit sa liberté. Une querelle survenue entre les confédérés, Schwitz et Zurich, amena Frédéric IV à se mêler de nouveau des affaires intérieures de ce pays. Mais, sentant que ses forces militaires ne suffiraient pas contre ce peuple de héros, l'empereur fit un appel au roi de France.

Charles VII confia au dauphin (depuis Louis XI) un corps d'armée de 30,000 hommes pour faire cette expédition (1444) (note XIX). Louis prit en passant Montbéliard et entra en Alsace par Belfort, pendant que le chef de partisans, Mathieu God, surnommé Mattego, s'avança par Ingwiller et Saverne, et fit son premier exploit à Dettwiller, où il incendia l'église pour faire périr dans les flammes les personnes qui s'étaient sauvées sur le clocher. Les Suisses, essayant d'arrêter les Français, furent défaits à Saint-Jacques (près Bâle). Ce combat, qui rappelle si bien celui des Thermopyles, avait duré dix heures et coûta à l'armée du dauphin 5,000 hommes; les confédérés, à l'exception de dix, succombèrent tous. Burkard de Landscron, qui avait trahi la cause nationale, s'écria en traversant ce champ de carnage : « *Hier baden wir in Rosen!* » mais au même instant, un mourant du nom d'Arnold Schick, ramassant ses forces défaillantes, et d'une pierre frappant mortellement le traître, s'écrie : « *Nun, so bade denn!* » La paix ne tarda pas à être conclue à Ensisheim par la médiation du concile de Bâle (1431-1444). — Louis prit ses quartiers d'hiver en Alsace. Ses troupes ravagèrent la campagne, ruinèrent les villes, brûlèrent les villages, pillèrent amis et ennemis, et furent l'effroi du pays. Herrlisheim, Saint-Hippolyte, Gueberschwihr vaillamment défendu par les femmes (note XX), Châtenois, Dambach où Louis fut blessé au genou par une flèche, furent pris d'assaut. Pour éviter la ruine de cette dernière, l'évêque envoya au dauphin deux chevaux en présent. Guebwiller, surpris au milieu de la nuit, fut sauvé par le sang-froid d'une femme, Brigitte Schicklin : déjà les assaillants avaient posé leurs échelles et escaladaient les murs, quand cette femme jeta de la paille enflammée sur les ennemis et par ses cris fit accourir les habitants : les pillards épouvantés prirent la fuite. On peut encore voir aujourd'hui de ces échelles de cordes conservées à l'église Saint-Léger de Guebwiller.

Ne pouvant plus tolérer ces excès, l'empereur fit intimer l'ordre aux Français, par la diète de Nuremberg, de quitter l'Alsace ; en cas de refus, l'électeur palatin devait la faire évacuer par la force. L'indécision du palatin landvogt ne fit qu'empirer le mal. Il convoqua les seigneurs et les villes à Spire, puis à Molsheim, ensuite à Strasbourg : le résultat fut toujours nul. Ces mesures ne servirent qu'à augmenter la fureur dévastatrice des Armagnacs. Enfin le peuple, se voyant abandonné de ses légitimes défenseurs, se fit justice lui-même ; il se leva en masse, tomba sur l'ennemi, lui fit subir une sanglante défaite dans la vallée de Liépvre, et lui tua plus de 10,000 hommes dans sa retraite précipitée sur Belfort.

Vers cette époque, s'éleva une guerre entre les comtes de Lützelstein et de Lichtenberg, d'un côté, et les

comtes de Linange et d'Ochsenstein, de l'autre, parce
que le comte de Lützelstein s'était saisi, sans déclaration de guerre, de la ville et du fort de Bitsche, et que
le comte de Linange, landvogt de Haguenau, refusait
de payer aux Lichtenberg la part de contribution qui
leur revenait de la ville de Brumath. Les deux derniers
subirent une défaite complète près de Reichshoffen (5
juin 1451), après quoi Linange fut ajoutée à Lützelstein
et Ochsenstein à Lichtenberg. Cette conquête n'apporta
pas de bonheur aux vainqueurs. Peu après, le comte
de Lützelstein se brouilla avec le palatin Frédéric Ier ;
son château fut emporté après un siège de huit semaines, et il mourut en exil sans laisser d'héritier. Cet
événement fit rentrer le comte de Linange en possession de ses domaines.

La noblesse, voyant l'autorité lui échapper de toutes
parts, la puissance municipale monter et arriver à
l'apogée de la grandeur, mit tout en œuvre pour tirer
vengeance du mépris que les fiers plébéiens affectaient
à son égard. La ville de Turckheim était divisée en
habitants impériaux, c'est-à-dire relevant de l'Empire,
et en habitants seigneuriaux, dépendant de la juridiction des seigneurs du Haut-Landsperg et de l'abbé de
Münster. Les habitants impériaux jouissaient de grands
privilèges, source de désordres dans la ville. Le comte
Jean de Lupfen du Landsperg, irrité de ce que les nobles étaient exclus du sénat de cette ville, la surprit de
nuit et en égorgea une partie des habitants. Le landvogt de Haguenau, aidé de quelques villes de la Décapole, enleva aux Lupfen Ammerschwihr, pendant que

Munster, sur l'ordre du comte palatin, attaquait et rasait le château de Haut-Hattstadt, appartenant à cette famille. L'incendie de ce manoir ne dura pas moins de huit jours.

Expulsés du sénat de Mulhouse, en 1345, les nobles avaient réussi, grâce à la réaction dirigée par le land-vogt Jean de Fénétrange, à y rentrer. Mais, après la retraite des Armagnacs, accusés de connivence avec l'ennemi, ils furent chassés de la ville. Cet affront exigeait une vengeance : l'occasion ne tarda pas à s'en présenter. Un garçon meunier, Herrmann Klée, réclamait à son maître six oboles que celui-ci refusa de lui payer. Pierre de Réguisheim acheta cette créance, et somma la ville de lui rembourser cet argent ; et, comme déclaration de guerre, il s'empara de douze bourgeois de la ville et les fit étouffer dans un fossé. Les villes d'Alsace n'ayant pas répondu à l'appel que leur avait adressé Mulhouse, celle-ci fit alliance avec Berne et Soleure, qui lui envoyèrent 14,000 hommes. L'armée confédérée vint camper dans la plaine de Cernay, appelée [*Ochsenfeld*. De leur côté, les nobles se soutinrent mutuellement. Ils incendièrent Illzach et Modenheim et occupèrent le château d'Eguisheim dont ils confièrent la défense à ce même H. Klée. Pendant que les Mulhousiens mettaient le feu au château et au village de Zillisheim, les villes libres de Turckheim et de Kaysersberg attaquèrent, sous la conduite de Pierre Stützel, le château d'Eguisheim, l'enlevèrent le jour de la Fête-Dieu (1466), et suspendirent Klée et trois gentilshommes à la potence. Cette guerre, appelée *secha*

Plappert-Krieg (guerre des six oboles), tourna au désavantage de l'aristocratie, qui fut obligée de demander la paix et de payer 825 florins.

Cependant la noblesse ne s'en tint pas encore là. Elle s'adressa à l'archiduc Sigismond, qui, ne pouvant pardonner à la Suisse sa rébellion contre sa maison, ralluma la lutte. Mais l'archiduc ne fut pas plus heureux. Forcé à signer la paix de Waldshut, il dut payer 10,000 florins pour frais de guerre (1468).

En 1469, Sigismond engagea le landgraviat à Charles-le-Téméraire, duc de Bourgogne, pour une somme de 80,000 florins. L'Alsace ne se montra guère disposée à obéir à un maître qui venait de traiter d'une manière plus que barbare les Liégeois révoltés. Rodolphe, marquis de Hochberg, fut nommé gouverneur par le nouveau duc, et Pierre de Hagenbach investi des fonctions de landvogt. Ce dernier, gentilhomme alsacien, homme rapace, dur et barbare, souleva bientôt, par sa conduite ignoble, tout le peuple écrasé sous le poids des impôts. Il opprima la noblesse : les maisons de Halweil et de Landscron, noms chers au Sundgau, furent dépouillées de leurs terres, les Müllenheim perdirent le val de Villé et le château d'Ortenberg. Quatre bourgeois de Thann, le jour même du mariage de Hagerbach avec la comtesse Alix de Thengen, périrent de la main du bourreau, pour avoir osé protester contre tant de tyrannie (29 janvier 1474). On voit encore, près de Thann, les ruines du redoutable manoir d'Engelsbourg, témoin muet des actes de féroce sauvagerie du terible landvogt.

Après une entrevue avec Frédéric IV, à Trèves, Charles vint lui-même en Alsace à la tête de 5,000 cavaliers. Colmar lui ferme ses portes, Mulhouse est sauvée par une crue subite de l'Ill, Brisach et Ensisheim lui prêtent le serment de fidélité. Cependant le peuple conjure Sigismond de retirer l'engagement contracté avec le duc de Bourgogne, et les 80,000 florins sont déposés à la monnaie de Bâle par le soin des villes de Strasbourg, Schlestadt, Colmar, Mulhouse et Bâle. Charles, alors occupé au siége de Neisse, refuse. Dès lors toutes les villes se regardent comme déliées du serment de fidélité. Ensisheim en donne l'exemple par l'expulsion des créatures du Téméraire. Hagenbach, voulant faire rentrer cette ville dans le devoir, est repoussé de ses murs et forcé de se retirer à Brisach. A la nouvelle de cet échec, sous prétexte de réclamation d'un arriéré de solde, Vœgelin, capitaine des gardes allemandes, se rend chez le fougueux préfet. Celui-ci lui répond : «Ich gib dir ein treck uf die nase!» (Kœnigshoffen). Sur cette grossièreté, Vœgelin le saisit au collet et le jette à la porte. Le rappel est battu dans les rues, les bourgeois accourent et arrêtent Hagenbach. Mis aux fers, jugé par 27 députés des principales villes d'Alsace, le landvogt avoue ses fautes, est dégradé de noblesse et décapité la nuit hors la ville à la lueur des flambeaux.

Alors la fureur du duc de Bourgogne ne connut plus de bornes : il brûla de se venger. Mais le sort lui fit partout contraire. Ses troupes, commandées par Etienne de Hagenbach, frère de l'ex-préfet, furent défaites à

Héricourt (28 octobre 1474), lui-même essuya de terribles revers à Morat et à Granson (1476), et il alla se faire tuer sous les murs de Nancy, en 1477. Cette mort délivra l'Alsace, l'Autriche et la France d'un redoutable ennemi.

En 1493, une nouvelle sédition faillit plonger l'Alsace dans la guerre civile. Jean Ullmann, ancien bourgmestre de Schlestadt, Nicolas Ziegler de Stotzheim et Jacques de Blienschwiller, firent la confédération du Bundschuh, dont le but était de soulever les paysans contre les nobles, les riches et les églises. Des mesures promptes et énergiques écrasèrent la rébellion. Pris au pied de l'Ungersberg où ils s'étaient retranchés, Ullmann et Ziegler furent écartelés, l'un à Bâle, l'autre à Schlestadt, le troisième réussit à s'échapper. Tous les individus affiliés à l'association du Bundschuh furent traduits devant une cour criminelle établie à Obernai par le landvogt de Haguenau, et condamnés à l'amende et à la mutilation de deux doigts.

Les seigneurs, dont les châteaux inaccessibles étaient souvent devenus de véritables repaires de brigands, durent apprendre plus d'une fois à leurs dépens que la force repousse la force, et que le droit et la justice triomphent tôt ou tard. Un de ces redoutables chevaliers brigands (Raubritter), fléau de toute la contrée où étaient assis les donjons de Hohenbourg, près du Fleckenstein, de Drachenfels et de Landstuhl, fut le fameux Franz de Sickingen. Ses déprédations étaient tellement nombreuses, ses coups de main tellement hardis, ses incursions se multipliaient à un tel point que le duc de Lorraine consentit à lui payer une redevance annuelle pour épargner à la ville de Metz et à ses environs la visite incommode de l'aventureux chevalier. Jacques de Mœrsberg, untervogt de Haguenau, convoqua, en 1516, les députés de la noblesse et des villes, pour aviser aux moyens de sauvegarder efficacement l'Alsace, depuis Landau jusqu'à Ottmarsheim, contre les irruptions de Sickingen. Ardent champion de la réforme naissante, le hardi voleur était surtout l'ennemi juré de l'archevêque électeur de Trèves. Pour en finir avec le sauvage aventurier, l'archevêque Richard, le comte palatin et le landgraf de Hesse s'allièrent et marchèrent contre Sickingen, qui s'était enfermé dans son castel de Landshut. Vivement attaqué, le château succomba et le turbulent chevalier, mortellement blessé, paya de sa vie ses innombrables exactions et ses brigandages. Tous ses châteaux furent rasés.

Les châteaux de Berwartstein et de Dahn, dans la vallée de la Lauter, n'étaient pas moins redoutés des voyageurs et des paysans qui habitaient alentour. Le chevalier Hans de la Dratt, maréchal de la cour, l'ami et le confident du landvogt Philippe (1471), était l'hôte terrible de ces sombres manoirs. Ses exploits remplirent de terreur toute la contrée de Wissembourg : il pillait les villages, détroussait les voyageurs, détruisait les récoltes, ruinait les fermes, enlevait les bestiaux. Encore de nos jours le nom de « Hans Trapp », le compagnon de saint Nicolas, fait peur aux enfants indociles. Le palatin Philippe lui-même, l'empereur, les papes Innocent VIII et Alexandre VI élevèrent la voix : rien n'y fit. Jean de la Dratt fut enfin excommunié par Alexandre VI, pour ses forfaits, et mourut le 26 octobre 1503, après que les censures de l'Eglise eurent été levées par Jules II. Il fut enterré dans la chapelle Sainte-Anne, au pied du Bremmelberg. Sur sa tombe on lit cette épitaphe : « Anno Domini 1503, off. Dorstag. vor. Simon. und. Jude. der. Aposteln. Starb. der. streng. her. Hans. vom. Drat. Ritter. dem. Got. genedig. sy. Amen. »

Fréderic IV mourut (1493), et son fils Maximilien Ier lui succéda. Le nouvel empereur, que l'on appela avec raison « le dernier chevalier », par l'édit de Worms (1495), mit fin au Faustrecht ; il établit une chambre impériale destinée à juger les différends entre les princes et les nobles de l'empire. Ainsi furent supprimés ces tribunaux occultes, appelés *Cours westphaliennes*, où l'innocent, quand il était le plus faible, succombait toujours (note XXI.)

CHAPITRE VIII.

L'ALSACE PENDANT LA RÉFORME.

Au XVIe siècle « le monde était arrivé, dit l'abbé Darras, à une de ces époques où les mots d'indépendance, de liberté, semblent ouvrir aux imaginations exaltées des horizons nouveaux et des félicités sans bornes. » La réforme, cette révolution à la fois politique et religieuse, fut pour l'Alsace une source de guerres horribles qui la plongèrent de nouveau, avec tout l'empire, dans les larmes et le sang.

Martin Luther, né en Saxe (1483), moine augustin, docteur de l'Université de Wittemberg, esprit inquiet, ardent et présomptueux, commença, en 1517, à prêcher contre les indulgences publiées par Léon X ; et, tombant d'écarts en écarts, d'excès en excès, il en vint à attaquer toute la doctrine de l'Eglise. Peu après, Zwingle, curé d'Einsiedlen, se mit à dogmatiser. Divisés sur le dogme, les réformateurs se rencontraient parfaitement sur le terrain de la haine contre la papauté, ce rocher contre lequel toutes les hérésies tour à tour sont venues se briser.

Dès 1517, Strasbourg avait prêté l'oreille au nouvel évangile, et les 95 propositions de Luther avaient été affichées à la porte de la cathédrale. Bientôt la contagion gagna du terrain ; une partie du clergé même prêcha publiquement l'hérésie. Martin Bucer, Wolfgang Capito, Mathias Zell, Antoine Firn, furent les apôtres les plus zélés de ces nouveautés. Le mot magique de « liberté », cause de toutes les révolutions sur la terre, bouleversait toute l'Allemagne. La croisade prêchée par Luther contre le clergé, les couvents et les biens ecclésiastiques, trouva des chefs ardents dans les petits princes d'outre-Rhin. Munzer, ce « Gédéon envoyé de Dieu pour rétablir par l'épée le royaume de Jésus-Christ », souleva par contre les paysans, qui saisirent avec enthousiasme les armes, tombèrent sur les nobles, démolirent les forteresses, incendièrent les châteaux, égorgèrent les riches, les nobles et les prêtres, exercèrent les cruautés les plus horribles et commirent les violences les plus inouies. Cette révolte, commencée en Thuringe, couvrit bientôt toute l'Alsace. Saint-Léonard, près de Bœrsch, fut le rendez-vous, le lieu de rassemblement des insurgés : un jardinier de Strasbourg, Clément Ziegler, était le prophète et l'apôtre qui entretenait et exaltait le zèle de cette tourbe ignorante et fanatique.

L'untervogt d'Alsace, Jacques de Mœrsperg, voyant grandir l'orage, se réveilla de sa torpeur, mais trop tard pour pouvoir réprimer l'insurrection : prières, menaces, conférences, négociations, tout demeura infructueux. Il ne restait plus qu'à s'adresser au duc de Lorraine.

L'armée des Rustauds, commandée par Georges Ittel, surnommé Jerry, prévôt de Rosheim, Erasme Gerber et Diebold de Molsheim, compta jusqu'à 30,000 hommes. Pour empêcher le duc de Lorraine de les entraver dans la diffusion du « pur » évangile, ils divisèrent cette armée en trois corps, destinés à garder les défilés des Vosges. Le premier corps, sous les ordres de Gerber, se rendit à Saverne. En passant à Marmoutier, cette horde de brigands pilla et ravagea de fond en comble l'abbaye bénédictine de cette ville : de précieux manuscrits devinrent la proie des flammes ; l'abbé, échappé avec peine au bûcher, alla rejoindre le duc de Lorraine. Le deuxième corps, commandé par un Wissembourgeois, qui s'intitulait Bacchus, campa à Pfaffenhoffen, et pilla les abbayes de Neubourg, de Biblisheim, d'Altorf, de Kœnigsbruck. Le troisième corps, celui des Tondus, établit son quartier-général à Neubourg et dévasta les terres du comte de Linange.

Bientôt le duc Antoine de Guise parut sur les hauteurs de Saverne et somma la ville de se rendre. Les rustauds s'y défendirent en désespérés. Le canon se chargea d'ouvrir les portes, et les rues de la ville furent le théâtre d'une terrible boucherie. Wollzir nous dit : « Et fut la tuerie si cruelle que le sang entremêlé avec eau de pluie coulait à gros ruisseaux et randons parmi les rues, qui était chose horrible à voir et à considérer. » Pendant ce temps, les deux frères du duc attaquaient une bande retranchée à Lupstein. Le village était barricadé et défendu à outrance. On mit le feu aux maisons et à l'église : « Les insurgés, terrifiés, crient enfin merci, et montrent leurs chapeaux aux fenêtres en signe de reddition, mais on n'y pouvait à cause des flammes ; ils venaient trop tard à repentir, aucuns d'eux sautaient en bas des maisons et de l'église, et les autres brisaient les toits pour mettre le chef dehors à cause de la fumée qui les étouffait. » (Wollzir I. 1, ch. 13, p. 47). Ce qui ne tomba pas sous le fer du vainqueur fut consumé dans les flammes. 20 à 21,000 paysans perdirent la vie dans ces deux combats (17 mai 1525). Gerber fut pris et pendu. Enfin les derniers débris furent complètement anéantis près de Scherwiller, le 20 mai, où 10,000 Rustauds jonchèrent le champ de bataille. Les autres bandes, apprenant la destruction du premier corps, se retirèrent sur Wissembourg.

L'untervogt de Mœrsperg, toujours faible quand l'énergie seule pouvait écarter le danger, ayant fait prisonniers un grand nombre de révoltés, se contenta de les interner à Haguenau, et de faire jurer aux chefs de ne plus prendre les armes. Mais l'électeur de Trèves et le comte palatin agirent avec plus de vigueur. Wissembourg fut assiégé et pris ; les principaux chefs, entre autres le fanatique prédicateur de ces énergumènes, Jean Merckel, subirent la peine capitale ; la ville, en raison de sa connivence avec les Rustauds, dut payer de gros frais de guerre.

Dans la Haute-Alsace, le drapeau du Bundschuh fut arboré par le curé Jean Berner à Helfrantzkirch. Ces Spartacus modernes, selon l'expression d'un historien, inaugurèrent la nouvelle ère de liberté et d'indépendance, par le pillage, l'incendie et le meurtre. La révolte de la campagne menaçait de prendre de grandes proportions, quand la nouvelle de la défaite de Scherwiller fit tout rentrer dans l'ordre. Le duc Georges de Walbourg-Truchsess écrasa sous le pas de ses chevaux les malheureux révoltés de la Thuringe et de la Souabe, et rétablit l'ordre en Allemagne.

Luther, qui, en 1522, avait écrit : « Partout le peuple se soulève ; il a enfin ouvert les yeux, il ne veut plus se laisser opprimer par la violence », changea de langage et s'écria en 1526 : « Le peuple est un tigre qu'il faut enchaîner, une bête féroce qu'il faut exterminer sans trève, ni relâche !» Horrible et sanglante contradiction !

Maximilien Ier étant mort (1519), la couronne passa à Charles-Quint, déjà roi d'Espagne et des Pays-Bas. Le roi de Hongrie, Ferdinand, son frère, reçut le gouvernement de l'Alsace. Les anabaptistes s'étant fort répandus en cette province, le nouveau préfet fit brûler près de 600 de ces disciples de Münzer, à Ensisheim ; le magistrat de Strasbourg se contenta de les bannir de la ville.

Strasbourg avança dans la voie réformatrice : on supprima la messe. Cependant le magistrat, craignant de porter seul la responsabilité d'un acte aussi grave, convoqua les 300 députés des corporations d'ouvriers ; et, le 20 février 1529, le nouveau concile proclama par 184 voix que la messe était abolie. Ce fut la cause de l'exclusion de ses députés de la Diète de Spire où l'intégrité de la foi romaine fut maintenue. Les Etats où l'hérésie avait déjà pris racine, protestèrent contre les conclusions de cette assemblée, de là le nom de *Protestants* que prirent les luthériens ; les disciples du réformateur français Calvin, affectèrent le nom de

Réformés. L'année suivante, Strasbourg, Colmar et Haguenau envoyèrent des députés à la Diète d'Augsbourg, où la profession de foi rédigée par le *doux* Mélanchthon, reçut le nom de Confession d'Augsbourg (Confessio Augustana), à laquelle Luther adhéra complètement. Strasbourg s'attacha ensuite à la ligue protestante de Smalcalde (1531) formée par les princes d'Allemagne.

Vers 1537, Calvin, chassé de Genève, vint à Strasbourg, où Bucer le fit nommer professeur de théologie et prédicateur français. Lorsqu'en 1541 il s'en fut retourné à Genève, la guerre éclata à Strasbourg entre les calvinistes et les luthériens, guerre d'anathèmes qui se termina par la proscription des Calvinistes (1577) : alors le successeur de Calvin, Pierre Brullius, partit pour Tournai où il se mit à dogmatiser en secret, jusqu'à ce qu'il fut découvert, incarcéré et livré au bûcher.

Après la bataille de Mühlberg (1547), où Charles V avait écrasé l'armée protestante, Strasbourg fit la paix avec l'empereur, lui versa 30,000 florins, lui remit 12 pièces de canon, et rendit plusieurs églises au catholicisme.

Le concile de Trente, ouvert en 1554, ayant interrompu ses séances à cause de la peste, Charles V publia l'*Interim* (1548), sorte de formulaire de foi qui concédait aux protestants la communion sous les deux espèces et le mariage des prêtres, en attendant que le concile statuât définitivement. Cet édit ne satisfit personne. Les catholiques se trouvaient blessés, le Saint-Siége n'ap-

prouva pas un acte par lequel l'empereur s'érigeait en
docteur de l'Eglise, les protestants n'entendaient pas
qu'on posât des bornes à leur zèle réformateur. L'Interim fut donc rejeté par tous les partis. Strasbourg
refusa également de s'y soumettre, puis la ville tran-
sigea avec l'évêque Erasme de Limbourg, et abandonna
pour dix ans la cathédrale et les collégiales à l'ancienne religion (1549).

Cette même année, Bucer se rendit avec Paul Fagius
en Angleterre pour aider Edouard VI dans l'œuvre
d'organisation du schisme de Henri VIII. Fagius
mourut dans l'année et Bucer, qui occupait la chaire
de théologie de Cambridge, le suivit de près. En 1556,
la reine Marie fit exhumer leurs corps, brûler leurs
ossements et les jeter au vent.

Maurice de Saxe, qui avait trahi les protestants à
Mühlberg, ne fut pas plus fidèle à l'empereur, qui l'avait
cependant comblé de faveurs. Il appela au secours des
vaincus le roi de France. Henri II répondit à l'appel,
s'empara des trois évêchés, Toul, Metz et Verdun (1552)
et pénétra en Alsace. Strasbourg craignit pour son
indépendance ; Haguenau et Wissembourg furent
occupés par les Français. Charles V avança sur le
Rhin avec une armée de 50,000 hommes. Il fit une
entrée triomphale à Strasbourg; mais sur les instances
de la ville, l'armée évita le territoire de la République
et passa à Landau pour marcher sur Metz, alors
défendu par le duc de Guise. Après des efforts infructueux et une perte de 30,000 hommes, l'empereur s'en
retourna. Profitant de cet échec, Strasbourg et les

autres villes, qui s'étaient soumises de mauvaise grâce à l'Intérim, reprirent l'offensive. Le traité de Passau assura aux protestants le libre exercice de leur culte (1552).

A partir de ce moment, les sectaires mirent tout en œuvre pour protestantiser l'Alsace. L'année 1559, vit l'hérésie se démasquer : La populace fanatique fit irruption dans la cathédrale de Strasbourg pendant le sermon du soir prêché par Jean Delphius, évêque de Tripoli et suffragant de Strasbourg, orateur distingué, renversa les chaises, arracha le prédicateur de la chaire, lança des pierres, des boules de neige, des os dans le sanctuaire, accabla de mauvais traitements le roi du chœur, le pieux Hambacher, qui avait cherché à calmer la fureur de ces énergumènes. Le clergé fut ainsi forcé d'abandonner les églises dont les sectaires s'emparèrent aussitôt pour y célébrer le nouveau culte. L'évêque se retira avec son Chapitre à Saverne. « Alors, dit le chroniqueur Buheler, la cathédrale ressembla à une étable de porcs, où les ivrognes se retiraient pour dormir et y déposer leurs immondices » (note XXII.)

La doctrine du *pur* évangile fit peu de prosélytes à Colmar, quoique, dès 1521, les novateurs eussent gagné quelques sénateurs à leur cause. A la tête du clergé brillait le savant Père Hoffmeister, religieux augustin, qui sut éclairer et ranimer la foi des fidèles. Charles V l'opposa au célèbre Bucer au colloque de Ratisbonne (1541). Cependant le protestantisme, après des victoires et des défaites, dut un certain triomphe à l'entrée au sénat de Hans Goll et de Wilhelm Link, exilés de Schlestadt pour l'exaltation de leurs opinions religieuses. Le 15 mai 1575, Jean Cellarius, curé de Jebsheim, fit dans l'église des récollets le premier sermon protestant. La majorité catholique se vit forcée, malgré l'intervention de l'empereur, de courber la tête sous les lois d'une minorité audacieuse qui avait la force brutale pour elle. Le Sénat en vint même à défendre l'école latine de la cathédrale ; il fit fondre les grandes cloches, on coupa les cordes de celles qui restaient au moment de les mettre en branle le Samedi-Saint 1576, les fêtes furent abolies, etc. La guerre, il est vrai, ne tarda pas à éclater entre les protestants et les calvinistes : ces derniers, d'abord maîtres des chaires, se virent foudroyer par Jean Magnus, devenu pasteur, en 1588. Plus tard, un décret de Ferdinand II, du 7 juillet 1627, ordonna aux magistrats de retourner aux anciennes croyances.

Mulhouse, à l'esprit inquiet et turbulent, toujours avide de nouveau, reçut, dès 1518, les écrits de Luther et d'Ulric de Hütten, et laissa prêcher l'hérésie publiquement par Auguste Kræmer et Nicolas Prugner, en 1522. Le magistrat adopta, sur les conclusions d'Otton Binder, en 1528, les principes de l'école sacramentaire de Suisse, rejetant tous les sacrements à l'exception du baptême et de la Cène.

Cependant les autres villes de la Haute-Alsace continuaient à rester fidèles à l'antique foi de leurs pères. Pour combattre la marche progressive du mal, Jean de Manderscheit, évêque doué de grandes qualités et d'une rare vertu, champion ardent de l'Eglise, fonda, en 1580, un collége de Jésuites à Molsheim. Cet établissement fut érigé en Université par Léopold d'Autriche. On admire encore le beau monument d'architecture grecque qui servait d'église à ce collége, et qui est aujourd'hui église paroissiale.

En 1587, l'Alsace fut troublée par les bandes d'Allemands qui volèrent au secours des huguenots français. Le duc d'Aumale battit à Neubourg, sur la Bruche, le capitaine La Coche, qui avait enrôlé une troupe de mercenaires à Strasbourg; et le duc de Guise anéantit près de Paris une de ces bandes de soudards qui, sous la conduite du colonel prussien baron de Dohna, avait pénétré jusqu'aux portes de la capitale. L'année suivante, notre province fut de nouveau ravagée et réquisitionnée par l'armée de Wolfgang, duc des Deux-Ponts, qui la traversait pour entrer en France : le duc périt dans le Poitou.

L'évêque Jean IV étant venu à mourir (1572), le Chapitre de Saverne élut le cardinal Charles de Lorraine, déjà évêque de Metz, tandis que les chanoines protestants de Strasbourg, sur la motion de Pappus, choisirent un enfant de 15 ans, Jean-Georges, fils de l'électeur de Brandebourg. Les armes devaient décider de la validité de l'élection. Après des escarmouches et des dévastations de huit mois, un traité fut conclu à Haguenau, le 22 novembre 1604, entre le cardinal de Lorraine, seul légitime évêque, G. de Brandebourg, le grand Chapitre et le grand chœur, d'une part, et le duc de Wurtemberg, au nom de l'empereur, d'autre part. Le margraf de Brandebourg renonçait à toute prétention sur l'évêché, devait rendre le palais épiscopal, tous les châteaux, villes et villages appartenant au Chapitre, acceptait 131,000 florins d'or avec une rente de 9,000 florins en dédommagement. Les princes protestants se déchargèrent des frais de cette guerre sur la ville de Strasbourg.

L'archiduc Léopold d'Autriche, petit-fils de Ferdinand Ier, succéda, en 1607, à Ch. de Lorraine sur le siège épiscopal. Les duchés de Juliers et de Clèves étant devenus vacants, l'empereur Rodolphe II chargea Léopold de mettre ces souverainetés en séquestre. Les princes protestants formèrent alors à Halle (1610) une alliance, appelée *Union évangélique*, et envoyèrent un corps d'armée, sous les ordres du marquis d'Anhalt, ravager l'Alsace. Dachstein, Mutzig, Molsheim furent pris et repris; Rhinau, Geispolsheim furent incendiés; Beinheim, Roppenheim, Oberséebach furent horriblement saccagés. Le duc de Lorraine, le comte de Hanau-Lichtenberg et la noblesse de la Basse-Alsace s'interposèrent, et la paix de Willstett (17 août) délivra l'Alsace d'une dévastation de six mois. Cependant le palatin Frédéric IV continua ses triomphes dans le duché de Juliers et s'empara du chef-lieu, ce qui détermina Léopold à renoncer à son office de commissaire et à s'en retourner dans son diocèse. Il fonda les collèges de Haguenau, de Schlestadt et d'Ensisheim, sous la direction des Jésuites. Il fit également retourner à la foi Osthausen, Schæffolsheim et Achenheim (1618).

La paix dura jusqu'en 1620. La division fermentait

au sein de la société européenne. L'archiduc Mathias s'était appuyé sur les protestants pour circonvenir son frère l'empereur ; mais, parvenu à l'empire, il fut la triste victime de son ambition, et s'aliéna les catholiques et les protestants. A sa mort, les protestants de Bohême refusèrent de reconnaître son cousin, Ferdinand II, comme roi de ce pays, et décernèrent la couronne à l'électeur palatin Frédéric V. Cette révolte fut le signal de la guerre dite de *Trente ans*, qui fit couler tant de sang et amoncela tant de ruines.

CHAPITRE IX.

La cruelle guerre dont nous allons raconter les péripéties sanglantes, est celle qui vit le plus dans le souvenir de notre province. Les faits à la fois mémorables et terribles de ce drame épouvantable se sont fidèlement transmis de père en fils et défrayent encore aujourd'hui les longues soirées d'hiver, où nos vieillards, au coin du feu, aiment à narrer ce qu'ils ont tant de fois entendu répéter par leurs pères. C'est qu'en effet la guerre de Trente ans a pesé d'une manière effroyable sur toute l'Allemagne en général, et sur notre Alsace en particulier. Plus de vingt batailles ont vu couler le sang et tomber les défenseurs de l'empire; les malheureuses provinces épuisées et ravagées, des ruines fumantes, des villages abandonnés, les plus florissantes contrées changées en vastes déserts, les peuples réduits au désespoir, ne trouvant plus de protecteur : tel est le navrant spectacle que nous présente cette grande lutte, communément appelée Guerre des Suédois (Schwedenkrieg).

Le duc Maximilien de Bavière triompha de l'électeur Frédéric V à Pragues (1620) ; l'empereur récompensa le vainqueur par l'investiture du Palatinat et força l'électeur à se réfugier en Hollande. Le duc de

Brunswick, qui s'intitulait lui-même « l'ennemi des
prêtres », et le bâtard Ernest de Mansfeld, sauvage
aventurier, s'étaient attachés à la fortune de Frédéric.
Chassé de Bohème après la déroute de Prague,
Mansfeld, appelé par un auteur contemporain « le
moderne Attila », se jeta sur l'Alsace, prit Landau,
rançonna Lauterbourg, pilla les églises et les abbayes,
se fit ouvrir par trahison les portes de Haguenau, où
il abandonna au pillage les maisons catholiques, et
remplaça les magistrats par des luthériens dont il con-
naissait les sympathies; il alla assiéger Saverne, vaillamment défendue par le comte Herrmann-Adolphe
de Salm, chanoine de Cologne et de Strasbourg : le
froid et le manque de munitions lui firent lever le siége.
Son lieutenant, le colonel Oberntraut, inonda de ses
bandes féroces la Haute-Alsace ; les villages furent
saccagés, les paysans maltraités, les vierges violées,
les églises profanées, les prêtres égorgés, toute la
campagne réduite à la misère. L'archiduc Léopold,
ayant rassemblé des troupes, fit attaquer Haguenau
par le colonel d'Ossa, mais il échoua, fut battu et
Mansfeld se maintint dans toutes ses conquêtes. Déjà
le terrible soudard songeait à se faire de l'Alsace une
souveraineté et à se reposer sur ses lauriers, quand le
retour de l'électeur palatin le contraignit à poursuivre
la guerre. En 1622, il se rendit maître d'Obernai et la
rançonna ; « il y prit, selon Schœpflin, assez d'argent,
de vin, de froment, de vivres et d'ustensiles en tout
genre, pour refaire toute son armée» ; il brûla Andlau ;
tous les excès signalèrent son passage à Niedernai, à

Bœrsch et à Rosheim. Il fit massacrer la population
de cette dernière ville, sans distinction d'âge, ni de
sexe, parce que quelques bourgeois l'avaient traité de
« bâtard » et avaient appelé Brunswick un « vagabond».
Chassé enfin de l'Alsace par le comte de Tilly, le fougueux Mansfeld passa en Hollande, en Angleterre, en
Allemagne, en Hongrie, et alla mourir à Zara en
Dalmatie (1625). Son nom est écrit en caractères de
sang dans nos annales alsaciennes.

L'évêque Léopold, s'étant démis de son siège en
faveur de son neveu, Léopold-Guillaume, fut investi
du landgraviat d'Alsace et de Brisgau.

En 1629, Ferdinand II publia l'édit de Restitution
qui annula l'acte de Passau, et rétablit la religion
catholique. Colmar et Haguenau s'y conformèrent,
mais Strasbourg temporisa, comptant sur le cours des
événements.

Cependant tout semblait marcher au gré de l'empereur. La France, jalouse de la prépondérance de la
maison d'Autriche, chercha à lui susciter des embar-
ras. Le ministre de Louis XIII, Richelieu, par la prise
de La Rochelle (1628), avait abattu le protestantisme
en France, comme parti politique, pendant qu'il le
soudoyait en Allemagne. En 1630, le roi Gustave-
Adolphe de Suède débarqua en Poméranie avec une
armée de 13,000 hommes : la France et l'Angleterre
s'unirent à lui, Strasbourg lui envoya de l'argent et
de la cavalerie. Tilly, voulant l'arrêter, perdit la sanglante bataille de Leipzig (1631), qui livra une partie de
l'Allemagne au vainqueur. L'Alsace fut le théâtre des

exploits du Suédois Gustave Horn, qui, après six semaines d'un siège, s'empara de Benfeld, défendu par le brave Zorn de Bulach ; Schlestadt succomba après quatre semaines d'énergique résistance du commandant Breitenbach ; Molsheim et Mutzig ouvrirent leurs portes à leur tour. Montécuculli et Ossa, chefs des impériaux, durent plier partout. Sur ces entrefaites, Wallenstein livra au roi de Suède la bataille de Lutzen (6 novembre 1632), où le héros du Nord tomba enseveli dans son triomphe.

Cette mort n'arrêta pas l'ardeur guerrière de Horn. Colmar ouvrit ses portes aux Suédois, et ses temples aux hérétiques ; Munster, Kaysersberg, Turckheim, reçurent les troupes ennemies ; Rouffach, Cernay, Thann, Ferrette, Belfort, se soumirent au rheingraf Othon-Louis, qui représentait la Suède.

Othon, homme incapable et « grand ivrogne », ne sut contenir les paysans révoltés par les excès de ces ennemis de leur foi et de leur nationalité. Un soulèvement général eut lieu pendant que Horn pressait le siège de Brisach. Les opprimés se livrèrent, dans leur fureur, à une vengeance terrible contre leurs oppresseurs. S'étant emparés du château de Ferrette, ils jetèrent le lieutenant-colonel d'Erlach et plusieurs officiers par les fenètres, les hachèrent en pièces et promenèrent ces sanglants trophées jusqu'à Altkirch ; le commandant Gauthier, grièvement blessé, fut dépouillé de ses vêtements et exposé six heures durant à un froid intense pendant une rigoureuse nuit de janvier. Ce mouvement, mal soutenu par Montécuculli, fut

atal aux paysans sundgauviens. Les Suédois, usant de
représailles, en massacrèrent plus de 2,000 près de
Blotzheim et en emmenèrent 900 prisonniers à Landser ;
1,600 autres, qui s'étaient retranchés dans le cimetière
de Dannemarie, furent passés au fil de l'épée ; des
centaines furent suspendus aux arbres le long des
routes. Ces atrocités n'apaisèrent pas la rébellion.
Horn prit et reprit Wissembourg, le duc de Lorraine
lui enleva Saverne et força le palatin de Birkenfeld à
lever le siège de Haguenau ; les troupes catholiques
d'Espagne et d'Italie, sous les ordres du duc de Feria,
s'emparèrent de Belfort (1633). Le rheingraf reprit
cette dernière ville l'année suivante.

Cependant la France prit insensiblement pied en
Alsace. En 1633, le comte de Hanau-Lichtenberg mit
ses possessions sous le protectorat de la France et
reçut des troupes à Bouxwiller ; le comte de Salm,
battu à Marmoutier par Othon, en fit autant, et les
Français entrèrent à Saverne, au château de Hoh-
Barr, à Haguenau, à Reichshoffen. Belfort fut occupé,
au nom du roi de France, par le comte de Suze,
gouverneur de Montbéliard.

Enfin les impériaux prirent leur revanche à Nord-
lingen où Horn, fait prisonnier, perdit 12,000 hommes,
80 canons, 4,000 voitures, 1,200 chevaux. Cette victoire
releva le moral des armées impériales. Le général
Gallas rentra en Alsace, après avoir enlevé Philippsbourg et Spire, se rendit maître de Saverne, et alla
bloquer Colmar, Schlestadt, Benfeld, Dachstein,
Haguenau. Cette dernière place fut cependant ravi-
taillée par le cardinal La Valette (1636).

Le chancelier Axel Oxenstiern, qui, depuis la mort de Gustave-Adolphe, dirigeait les affaires en Suède, voyant les conquêtes de Horn échapper à cette puissance, céda, par le traité de Paris, (1er novembre 1634) tout ce qu'elle possédait en Alsace, à Louis XIII, sous condition que la France fournirait des subsides contre l'Autriche. Richelieu se hâta de mettre garnison à Colmar, Schlestadt, Benfeld, Obernai, etc., et le duc de Rohan attaqua ouvertement les impériaux.

L'électeur de Saxe Jean-Georges signa le traité de Pragues (1635) avec l'empereur, paix à laquelle adhérèrent tous les princes protestants d'Allemagne, Strasbourg excepté qui se déclara neutre, ce qui n'empêcha pas la ville d'être réquisitionnée par les deux partis belligérants. La France resta donc à peu près seule en armes. Le duc de Saxe-Weimar, ayant offert ses services à Louis XIII, battit le duc de Lorraine près de La Ferrière, et entra en Alsace avec un corps d'armée de 18,000 hommes. La ville de Strasbourg fut sommée de lui livrer : 1000 sacs de farine, 2000 boulets à canon, 600 quintaux de poudre, de l'argent et le passage du pont du Rhin. Le magistrat lui livra 100 sacs de farine et refusa le reste. Le duc se vit donc forcé de jeter lui-même un pont sur le fleuve : à cet effet, il fit démolir les villages de Wittenwihr, Boofzheim et Witternheim pour avoir les planches et le bois nécessaires. Voulant porter secours au général suédois Baner, il fut repoussé par le fameux partisan, général Jean de Werth, et dut prendre ses quartiers d'hiver dans le Jura (1637). Dès l'année suivante, le duc Bernard prit sa revanche; il battit les impériaux sous les ordres de Savelli et de Jean de Werth à Rheinfeld où Rohan fut tué, écrasa le duc Ch. de Lorraine à Cernay, et prit, avec la coopération du vicomte de Turenne, la ville de Brisach, vaillamment défendue par Jean-Henri de Reinach. La prise de cette forteresse causa une telle joie au cardinal de Richelieu, qu'en l'apprenant il se rendit aussitôt chez le Père Joseph mourant : «Courage, mon Père, dit-il, Brisach est à nous! »

Le héros ne jouit pas longtemps de son triomphe. Subitement pris de la fièvre à Huningue, il mourut à Neubourg (1639), à 35 ans, et fut enterré à Brisach. Cette mort inattendue remit l'Alsace au pouvoir de la France, après qu'elle en avait été séparée depuis l'année 870.

Après la perte de son chef, l'armée weimarienne passa le Rhin, traversa toute l'Alsace, passa à Haguenau, entra dans le Palatinat, et alla attaquer Spire. Ayant échoué dans sa tentative, elle rebroussa chemin et vint se mettre à la disposition du duc de Longueville.

Ferdinand II était mort, et le vainqueur de Nœrdlingen, Ferdinand III, lui avait succédé (1637). Le maréchal Guébriant écrase partout les impériaux et meurt sous les murs de Rotweil ; Rantzaw est battu par Mercy. Mais le jeune Condé, vainqueur des phalanges espagnoles à Rocroy, accourt en Alsace, triomphe à Fribourg et se rend maître du cours du Rhin depuis Brisach jusqu'à Mayence. Turenne, surpris à Marienthal par le vigilant Mercy, reprend ses avantages, refoule l'ennemi jusqu'à Munich et menace Vienne, tandis que le duc d'Enghien fait subir à l'Autriche une défaite complète à Nœrdlingen où périt Mercy, et écrase l'archiduc Léopold à Lens (1645).

Ces revers multipliés décident enfin l'empereur Ferdinand à la paix, laquelle fut signée à Munster, en Westphalie (1648). L'article 74 de ce traité donne à la France tous les droits, domaines et juridictions qui jusqu'alors avaient appartenu à l'empire et à la maison d'Autriche, sur Brisach, les deux landgraviats, le Sundgau et la landvogtey des dix villes impériales avec tous les villages et droits qui dépendaient de la dite préfecture, et stipule une indemnité de trois millions pour les archiducs ; la Suède ne garda que Benfeld, qu'elle abandonna, en 1650, après en avoir rasé les murs, et s'agrandit de la Poméranie.

Après trente ans de trouble, le calme était rendu à notre malheureuse Alsace, mais elle se trouvait réduite en désert.

CHAPITRE X.

Le prince Henri de Lorraine, duc d'Harcourt, fut nommé, par Louis XIV, gouverneur d'Alsace et grand-bailli de Haguenau. Charleroi reçut le commandement de Brisach après le décès du Bernois comte d'Erlach. L'ancien état de choses fut maintenu : les évêques de Strasbourg et de Bâle, les abbayes, les comtés, les villes impériales, la noblesse conservaient, sous l'autorité du roi, leur siège et leur voix au Parlement de l'empire, de sorte que la transition se fit sans difficulté.

En 1657, le roi établit à Ensisheim un tribunal supérieur, appelé Conseil provincial, qui devait juger en dernier ressort tant au civil qu'au criminel. Les juges de ce tribunal furent moitié Français, moitié Alsaciens, et les actes devaient se rédiger en français ou en latin : ces changements ne manquèrent pas que d'exciter des murmures dont on ne tint pas compte.

Le duc d'Harcourt céda son gouvernement au cardinal de Mazarin (1659), qui, deux ans après, le remit à son neveu, Armand de Mazarin. Celui-ci arriva à Haguenau, en 1661, et y convoqua les députés des dix villes pour la prestation du serment de fidélité au roi. Ils s'y refusèrent d'abord. Mais Haguenau ayant donné

l'exemple, toutes les villes s'y soumirent (note XXIII);
La prestation du serment se fit avec grande cérémonie
à Haguenau, le 10 janvier, en présence de Mazarin,
grand-bailli, du marquis de Ruzé, sous-bailli, des
commissaires du roi, du président Colbert, et fut suivie
d'un magnifique banquet.

Les dernières guerres, les dévastations de Mansfeld
et de Horn, la famine et la mortalité, suites naturelles
de ce fléau, avaient singulièrement dépeuplé le pays
(note XXIV). Une ordonnance royale exempta les pro-
priétaires de tout impôt pendant six ans, distribua aux
colons catholiques français et étrangers les terres
abandonnées, et les autorisa à prendre dans les forêts
domaniales les bois nécessaires pour la construction
des habitations ruinées : bientôt on vit les villages se
relever de leurs cendres et une nouvelle population s'y
fixer (1662). Toutefois, les villes impériales, regrettant
leurs anciens priviléges, se repentirent de leur
prompte soumission. Colmar fit même frapper des
monnaies à l'effigie de l'empereur Léopold, avec cette
devise : *Moneta liberæ civitatis imperialis Colma-
riensis.*

Sur ces entrefaites, l'Europe, alarmée du progrès
des armes de Louis XIV, se coalisa pour traverser ses
desseins. Prévoyant un orage sur le Rhin, et connais-
sant d'ailleurs les dispositions peu sympathiques des
Alsaciens, le monarque conquérant fit démanteler
Colmar et Schlestadt, et vint lui-même visiter
Brisach, en 1673. Le commandant de cette forteresse
vicomte de Lescouet, descendit le Rhin, la nuit, avec

8

des brûlots et réduisit en cendres le pont de Strasbourg, à la grande stupéfaction des bourgeois de cette
ville.

En 1674, les impériaux franchirent le Rhin, Turenne
les suivit. C'est alors que ce grand capitaine fournit
cette belle et célèbre campagne d'Alsace, sa gloire et
son chef-d'œuvre. Il vainquit les généraux Bournon-
ville et Caprara à Entzheim (4 octobre) après un
combat de douze heures. Churchill, depuis Malborough,
se distingua à cette journée sous les ordres de Turenne.
Mais 22,000 Brandebourgeois étant venus renforcer
l'ennemi, Turenne, qui ne disposait que de 20,000
hommes, dut se retirer sur Dettwiller. Alors les impériaux se répandirent dans toute l'Alsace, depuis
Strasbourg jusqu'à Bâle et Belfort : les Français se
contentèrent d'occuper Haguenau et Saverne. En
habile tacticien, Turenne change de plan, traverse les
Vosges, rentre en Alsace par Belfort et Thann, sur-
prend l'ennemi dans ses quartiers, et, sans lui laisser
le temps de se reconnaître, l'écrase à Mulhouse (29
décembre), chasse l'électeur de Brandebourg de
Colmar, taille en pièces l'infanterie impériale à Turckheim (6 janvier 1675), jette 4,000 hommes de renfort
et des vivres dans Brisach bloqué, enlève et déman-
telle Dachstein, ravage les environs de Strasbourg,
jette un pont sur le Rhin, près de Plobsheim, s'empare
de Willstett, et meurt, emporté par un boulet à
Sasbach, au moment où il allait ajouter une nouvelle
victoire à nos annales militaires (17 juillet). « Il est
mort un homme qui faisait honneur à l'homme ! »

s'écria Montécuculli en apprenant la fatale nouvelle. Cette perte fut éminemment regrettable pour la France. Le marquis de Vaubrun et le comte de Lorges repassèrent le Rhin à Altenheim après avoir mis le feu à Willstett. Vaubrun fut tué dans la retraite.

Montécuculli reprit tous ses avantages sur les successeurs de Turenne, et vint mettre le siége devant Haguenau, défendu par le comte de Castellas. Enfin le grand Condé vint, et avec Condé la fortune. Les impériaux furent repoussés de Haguenau et de Saverne, et rejetés au-delà du Rhin. Ce fut là le dernier exploit de ce vieux héros. Luxembourg le remplace, pendant que Charles V de Lorraine prend le commandement de Montécuculli. Le jeune duc s'empare de Philippsbourg et entre en Alsace sans que le maréchal pût l'arrêter. Luxembourg appelé en Flandre abandonne son commandement à Créqui. Celui-ci obtient plusieurs avantages sur les Lorrains, prend Fribourg, brûle le pont du Rhin après avoir renversé le fort de Kehl, et ravage la Basse-Alsace. Par ordre de Louvois, il fait raser les murs de Haguenau, de Wissembourg et de Saverne. Haguenau est livré aux flammes ainsi que Wissembourg et Barr. La paix de Nimègues (1679) met fin aux hostilités, et laisse la France en paisible possession de l'Alsace.

Après le traité de Nimègues, l'Alsace commença à s'attacher à sa nouvelle patrie : la résistance était devenue impossible. Le Conseil provincial fut transporté à Brisach où il resta jusqu'en 1698 ; à cette dernière date, on le transféra à Colmar où il n'a cessé de siéger depuis : il porte aujourd'hui le nom de Cour d'appel.

En 1681, la Chambre de réunion de Brisach déclara Strasbourg incorporé à la France. Le ministre de la guerre Louvois avait su habilement préparer ce coup. La garde suisse avait été éloignée de la ville, quand le baron de Montclar se présenta sous ses murs avec une armée de 35,000 hommes. Le lendemain, 29 septembre, le marquis de Louvois arriva à Illkirch, prévint le Sénat de son arrivée et somma la ville de se rendre. Grande fut la consternation des bourgeois! La capitulation fut signée le 30 septembre : Strasbourg reconnut la souveraineté de Louis XIV ; on lui laissa son sénat et ses lois, mais elle perdit son matériel de guerre et la cathédrale fut restituée aux catholiques (note XXV). Le 20 octobre, l'évêque Egon de Fürstemberg, accompagné de six chanoines du grand Chapitre, de dix prébendiers du grand chœur, des abbés de divers monastères et d'un nombreux clergé, fit son entrée dans sa ville épiscopale au bruit d'une salve de 21 coups de canon ; le lendemain, le son des cloches, les tambours et la musique militaire annoncèrent aux fidèles la cérémonie de la *Réconciliation* de la cathédrale. Le 24, le grand roi avec la famille royale et une COUR brillante, fut reçu dans la basilique par le prince-évêque à la tête de son clergé (note XXVI).

Louis XIV était arrivé à l'apogée de la gloire. Pour mieux assurer sa conquête, il fit augmenter les fortifications et bâtir la citadelle de Strasbourg (1682); Belfort devint une des plus importantes places fortes de la province (1687); en 1699, le maréchal Vauban éleva la jolie petite ville d'Huningue, cette clef de la

Haute-Alsace, et dirigea les travaux de fortification de Neuf-Brisach, sur la rive gauche du Rhin, en face de Brisach, qu'on avait cédé à l'archiduc en vertu du traité de Ryswick (1697). La France ne conserva de cette dernière forteresse qu'une demi-lune de la tête du pont, appelée le Fort Mortier.

La guerre d'Espagne (1702) vit reparaître les impériaux qui, après quatre mois de siége, enlevèrent Landau. Les victoires de Friedlingen et de Hochstett par Villars, éloignèrent les ennemis, et Tallard reprit Landau pendant que le duc de Bourgogne s'emparait de Brisach. La seconde bataille de Hochstett (1704), perdue par Tallard, remit Landau au pouvoir du prince de Bade et Haguenau en celui du comte de Thiengen, tandis que le duc de Malborough et le prince Eugène prirent leurs quartiers à Wissembourg et à Lauterbourg. Cette défaite aurait pu devenir fatale à l'Alsace sans Villars, qui accourut de Metz, expulsa les ennemis et tira les lignes de Wissembourg, longue suite de redoutes qui s'étendent depuis le Pigeonnier jusqu'à la place de Lauterbourg, à 4 kilomètres du Rhin.

En 1709, le comte de Mercy reparut dans la Haute-Alsace à la tête d'une armée de 30,000 hommes, et vint camper près d'une métairie, située dans une belle forêt de chênes; mais le comte Du Bourg, campé à Rumersheim avec 15,000 soldats, l'attaqua vigoureusement, le battit et le força de repasser la frontière : le village de Chalampé occupe aujourd'hui le champ de bataille. Après la victoire de Denain (1712), où Villars sauva la France d'une ruine imminente, le vieux maré-

chal vint reprendre Landau et Fribourg, malgré l'habileté du prince Eugène, et força l'empereur à la paix.
Cette paix, signée à Bade (Suisse), confirma les dispositions du traité de Ryswick (1714).

Louis XIV meurt, et Louis XV, son arrière-petit-fils,
est appelé au trône (1715). L'Alsace jouissait alors
d'une paix profonde. Le 15 août 1726, le cardinal de
Rohan bénit, dans sa cathédrale de Strasbourg, le
mariage du roi avec Maria Leczinska, fille de Stanislas,
roi détrôné de Pologne. Le souvenir du bon Stanislas
et de sa pieuse fille est encore vivant en Alsace, surtout
à Wissembourg, où il avait établi sa résidence avant
de se fixer à Lunéville, capitale de son duché de
Lorraine et de Barr. Le célèbre pélerinage de Marienthal fut souvent témoin de la touchante piété du prince
et de sa fille. Devenue reine de France, celle-ci fit don
au vénéré sanctuaire de deux couronnes en or pur,
l'une destinée à l'Enfant Jésus et l'autre à sa divine mère :
sur la première on lisait cette inscription : « Fecit mihi
magna qui potens est, et sanctum nomen ejus », et sur
la seconde cette autre : « Maria cœli terræque Regina,
Maria humillima ancilla obtulit, 25 martii 1727. »

La banque de Law, qui occasionna de si terribles
secousses dans les régions financières, ne fit pas
sensation en Alsace. C'est dans l'admirable fécondité
de son sol et non dans l'agiotage et les spéculations de
la banque que l'Alsacien cherche sa richesse. Cette
activité au travail l'empêcha également de se laisser
entraîner sur la pente fatale de l'immoralité où était
descendue la France.

La guerre de la succession d'Autriche troubla encore notre province. Charles VI, dernier rejeton mâle de la maison de Habsbourg, étant mort, en 1741, Marie-Thérèse, sa fille, se vit disputer la couronne par l'électeur de Bavière, descendant de Ferdinand Ier, lequel prit le nom de Charles VII : la France soutint ses prétentions. Déterminés à tout sacrifier pour leur souveraine, les braves Hongrois s'écrièrent : « Moriamur pro rege nostro Mariâ Theresiâ ! » et 15,000 nobles prirent les armes.

Bientôt la fortune trahit la France. Belle-Isle est bombardé dans Pragues, le maréchal de Broglie battu à Braunau est rejeté hors de l'Allemagne par le prince Charles de Lorraine, beau-frère de Marie-Thérèse, lequel passe le Rhin à Spire, s'empare des lignes de Wissembourg et inonde la Basse-Alsace avec une armée de 40,000 hommes. Déjà cette province avait eu le temps de devenir française. Le colonel Trenk, le chef des Pandours, et le général Nadasti pillèrent et saccagèrent Saverne et les villages environnants : cette invasion fut désignée sous le nom de *Pandouren-Lœrm* (bruit des Pandours). Le maréchal Coigny et le général bavarois de Seckendorf, coupés de l'Alsace par le prince Charles dont le quartier-général se trouvait à Lauterbourg, forcèrent ses lignes après un combat de huit heures, et prirent Wissembourg, mais ils durent se replier sur Strasbourg et Saverne. Trenk transporta son quartier-général à Pfaffenhoffen, Nadasti à Bischwiller et le prince Charles à Soultz : son armée campa à Wœrth.

Le roi, malade à Metz, envoya d'Harcourt et le maréchal de Noailles au secours de Coigny qui se tenait à Molsheim. Le 13 août 1744, le comte d'Harcourt attaqua vigoureusement, près de Phalsbourg, les retranchements de Trenk pour le couper du corps de Nadasti, et poussa jusqu'à Saverne ; mais les deux chefs hongrois descendirent dans la plaine où ils se renforcèrent des troupes du général Bœrenclau, et repoussèrent les Français par la montée de Saverne : les Autrichiens perdirent dans cette affaire 1,200 hommes, d'Harcourt y laissa 1,500 des siens.

L'invasion de la Bohème par Frédéric II, de Prusse, décida le prince Charles à voler au secours de l'impératrice. Louis XV, rétabli, arriva à Strasbourg, le 5 octobre 1745, où il fut reçu avec les transports de la plus vive allégresse ; puis il alla enlever Fribourg, pendant que le brave et généreux Maurice de Saxe illustrait nos armes à Fontenoy, à Raucoux et à Lawfeld. Charles VII était mort, et François de Lorraine, époux de Marie-Thérèse, avait été reconnu empereur, sans que l'on songeât à cesser une guerre ruineuse et sans but. Enfin Louis XV victorieux fit la paix à Aix-la-Chapelle, en 1748 : il la fit «non en marchand, comme il le dit lui-même, mais en roi. »

Cette paix n'amena que déception pour la France, et lui procura un repos peu durable. Les débauches parées et masquées de la Cour, les généraux et les ministres à la merci de viles courtisanes, la mauvaise discipline dans l'armée, le gaspillage criant des finances, la stagnation dans l'industrie et le commerce, la ruine de notre marine, la misère extrême dans la campagne, l'impiété, la licence du philosophisme, le triomphe de toutes les doctrines perverses, devaient hâter la dissolution de la société et de la monarchie, et amener la grande catastrophe sociale préparée de si longue main.

C'est dans cet état peu rassurant que se trouvait la France, quand éclata la guerre de Sept ans. Les détails de cette lutte désastreuse appartiennent à l'histoire de France ; il suffit de dire ici que l'Alsace a vu passer l'orage sans qu'elle ait eu particulièrement à en souffrir. La paix de Paris (1763) acheva de nous dépouiller de nos colonies et d'assurer la prépondérance de l'Angleterre sur toutes les mers.

Dans l'intervalle s'éteignit au château de Chambord (1750) une des illustrations militaires de la France, le maréchal de Saxe, fils naturel de l'électeur de Saxe, Auguste II, roi de Pologne, né à Dresde en 1696. Au service de la France depuis 1720, il avait mérité par sa bravoure et sa loyauté les faveurs de Louis XV. Il fut enterré à l'église Saint-Thomas de Strasbourg, où, par les ordres du roi, un superbe mausolée, chef-d'œuvre de Pigalle, fut élevé au vainqueur de Fontenoy (1777).

En 1770, Strasbourg fêta l'arrivée sur le sol français de l'archiduchesse Marie-Antoinette, fille de Marie-Thérèse et sœur puînée de Joseph II, fiancée du Dauphin. Hélas ! elle ne soupçonnait pas, la belle et vertueuse princesse, quelles ignominies, quelles douleurs, quelle malheureuse fin sa nouvelle patrie, qui aujourd'hui l'acclamait si franchement, lui ferait subir dans un court avenir !

CHAPITRE XI.

Louis XV avait vu d'un œil indifférent le triste état dans lequel se trouvait plongée la France ; l'avenir se dressait devant lui terrible et menaçant ; il entendait dans le lointain gronder l'orage qui menaçait son trône ; mais se rejetant aussitôt dans sa honteuse mollesse, il se contenta de dire : « Cela durera bien autant que moi ! » Il meurt, usé de débauches, et laisse à son petit-fils, Louis XVI, une couronne avilie, un trône vermoulu et chancelant, une société gangrenée, un gouvernement usé dans ses ressorts, désormais impossible (1774).

« Si l'amour du bien, les qualités de l'esprit et du cœur, les sentiments d'humanité, de justice, de désintéressement, de probité, étaient des titres suffisants dans un prince, Louis XVI aurait été le plus heureux des rois. Mais il faut à ceux que Dieu appelle à la redoutable mission de gouverner les hommes, plus de fermeté encore que d'autres vertus. Louis XVI était trop bon pour ne pas être faible. Sa vie tout entière fut, contre le mal et contre le crime, une lutte où Louis XVI céda toujours ; le mal et le crime ont triomphé, pour instruire à la fois et les rois et les peuples. » (L'abbé Darras).

Bientôt le cri magique de « liberté » se fait entendre, présage funeste de l'ouragan épouvantable qui allait briser toutes les institutions, renverser le trône et l'autel, et inaugurer au milieu de fleuves de sang la souveraineté populaire. La noblesse avait semé les vents, il n'était que juste qu'elle recueillît la tempête, et qu'elle payât la première pour les principes subversifs dont elle s'était fait l'apôtre.

A peine la nouvelle de la prise de la Bastille (14 juillet 1790) fut-elle arrivée a Strasbourg, que l'émeute commença à lever la tête. L'hôtel-de-ville fut assailli, les fenêtres brisées à coups de pierres, les portes enfoncées, les archives jetées dans la rue, la caisse pillée, les meubles abîmés, les tonneaux dans les caves défoncés, 650 hectolitres de vin répandus sur le sol, et tout cela sous les yeux de l'armée ! Enfin le comte de Rochambeau mit fin à cette scène de vandalisme qu'il aurait facilement pu empêcher. Cependant Colmar se tint tranquille ; les membres de la société populaire, ayant à leur tête le fameux Martin Stockmeyer, homme d'une force athlétique, surent contenir les factieux.

Le 15 janvier 1790, l'Assemblée constituante remplaça l'ancienne division de la France en provinces par une organisation nouvelle en 83 départements. L'Alsace forma dès lors les départements du Haut-Rhin et du Bas-Rhin. Le Haut-Rhin fut divisé en trois districts : Colmar, Altkirch et Belfort ; le Bas-Rhin comprit quatre districts : Strasbourg, Benfeld (plus tard Schlestadt), Haguenau (remplacé par Saverne) et

Wissembourg. Chaque département eut pour chefs un préfet pour le civil et un évêque pour le religieux. L'évêque et les curés devaient sortir du suffrage populaire. En conséquence, le 6 mars 1791, Strasbourg élut par 317 voix sur 419 (dont 160 protestants), en qualité d'évêque, le professeur de droit canon Antoine Brendel; Colmar choisit Arbogaste Martin, de Walbach, professeur au collège. Tous deux furent pour les fidèles un objet de haine, de mépris et d'aversion.

Le malheureux Louis XVI, privé de tout pouvoir, prisonnier dans sa propre capitale, insulté dans ses affections les plus légitimes, est enfermé dans le Temple (1792) : toute l'Europe se lève contre la France. Le prince de Hohenlohe vient investir Landau. Mais la Révolution enfante des armées, lesquelles, au chant de la *Marseillaise*, que le lieutenant du génie Rouget de Lisle vient de composer et de chanter dans une soirée chez de Dietrich, maire de Strasbourg, vont se jeter résolument au devant de l'ennemi. Landau est débloqué et Hohenlohe va se faire battre à Valmy (20 septembre) par Kellermann, un enfant de l'Alsace (note XXVII).

L'assassinat juridique du roi-martyr (21 janv. 1793) fit jeter un long cri d'indignation à toutes les âmes honnêtes contre l'hydre révolutionnaire, et toute l'Europe jura de venger le sang du vertueux Louis XVI. Alors le feldmarschal Wurmser se jette sur l'Alsace, enlève Seltz, Wissembourg, chasse le général Carles de ses positions, investit Landau ; Hotze s'avance jusqu'à Saverne, mais il est arrêté dans sa marche victorieuse par le général Burcy et le chef de bataillon

Oudinot (plus tard maréchal); ce dernier, ayant fait hisser quatre pièces de canon sur le mont Saint-Michel, près de Saint-Jean-des-Choux, écrase, dans un combat de quarante-huit heures, les troupes ennemies sous une pluie de fer. Le 1er décembre, Desaix repousse le prince de Waldeck de Gambsheim jusqu'à Offendorf; mais le 2, le prince de Condé, à la tête des émigrés, livre un combat sanglant au général Ferino à Berstheim et lui enlève 7 canons. Le 8, le général Taponier s'avance jusque dans le Jægerthal, pendant que Soult (plus tard maréchal) attaque les ennemis et les poursuit jusqu'au-delà de Reichshoffen et de Niederbronn: les volontaires du Haut-Rhin se distinguèrent à cette journée. Hoche remplace Carles dans le commandement de l'armée de Rhin-et-Moselle, défait le général Hotze à Wœrth et à Frœschwiller (22 décembre), force les lignes de Wissembourg, chasse devant lui les corps alliés et débloque Landau.

Cependant la France poursuivit sa marche dans le sentier du crime, de l'opprobre et de l'infamie. Les années 1793 et 1794 virent couler des fleuves de sang : guerre civile en Vendée, horribles massacres à Paris et dans les départements, luttes sanglantes sans trêve au dehors. L'Alsace, malgré l'atroce persécution qu'elle eut à souffrir pour sa foi, resta la catholique Alsace, fidèle à son Dieu, fidèle à sa malheureuse mère-adoptive. Les représentants en mission de la sanguinaire Convention, les Saint-Just, les Lebas, les Hérault-Séchelles, les Hentz, les Monnet, les Diéche, les Schneider, pouvaient bien, dans leur fureur sauvage, promener la guillotine à travers des populations paisibles et consternées, et faire de cette province un théâtre de misère, de sang et de carnage (note XXVIII, jamais ils ne réussirent à implanter le schisme ou l'apostasie, ils ne surent que produire des martyrs. Temps horribles ! jours néfastes ! la guillotine dressée en permanence, la dénonciation encouragée et stipendiée, devenue même obligatoire, les déclarations de *suspects*, les églises spoliées, converties en magasins ou changées en temples de la déesse Raison, livrées aux cérémonies absurdes et ridicules de la fête de l'Etre-Suprème, les choses saintes profanées et foulées aux pieds, les prêtres traqués comme des bêtes fauves, déportés, incarcérés dans des cachots infects, mis à mort, les écrasantes réquisitions de toutes sortes et sous toutes formes ! ! !

Euloge Schneider mérite une mention spéciale. Cet ex-capucin de Bamberg, appelé en Alsace par le maire Dietrich, prêtre jureur, curé constitutionnel de plusieurs paroisses, vicaire-général de l'évèque Brendel, abjura la foi de ses pères lors de l'intronisation de la déesse Raison dans la cathédrale de Strasbourg le 20 nov. 1793, et devint accusateur public près le tribunal révolutionnaire. Il faisait de fréquentes tournées dans la province, escorté de la guillotine, pour purger le pays des aristocrates. La terreur le précédait, la mort le suivait ! Du 5 novembre au 13 décembre il fit tomber 31 têtes tant à Strasbourg qu'à Schlestadt, Obernai, Mutzig, Epfig, Barr. Toutefois cet horrible métier ne pouvait durer indéfiniment. La mesure était comblée, le sang innocent allait accabler le monstre. Après avoir contracté mariage avec la fille Stamm à Barr, il reçut du maire Monnet un billet l'appelant en toute hâte à Strasbourg, où il fit son entrée avec son épouse en calèche attelée de six chevaux et brillamment escorté. Saint-Just et Lebas firent arrêter Schneider la nuit suivante par le général Dièche, sous prétexte d'insulte à l'esprit de simplicité de la République ; mais la vraie cause de son arrestation avait été son opposition formelle à l'exécution de 2,000 détenus, exécution proposée par Delàtre et Monnet. Attaché à la guillotine et exposé au public quatre heures durant sur la place Kléber, le fougueux terroriste fut conduit à Paris, condamné à mort sur le réquisitoire de Fouquier-Tinville, et décapité le 1er avril 1794 (note XXIX). Ainsi périt cet homme de sang, le Robespierre alsacien ; le Robespierre parisien ne tardera pas à le suivre.

Avec Schneider tomba Taffin, président du tribunal révolutionnaire de Strasbourg. Ancien chanoine de Metz, curé constitutionnel de Haguenau, Taffin fut l'instrument docile de Schneider, le complice de ses cruelles exécutions, le compagnon fidèle de ses sanglantes missions. Incarcéré à Strasbourg, ce juge inique n'osa point affronter le tribunal de sang où il avait vu comparaître et où il avait condamné tant d'innocents, et se donna la mort dans la prison.

En 1794, les ennemis reculèrent de nouveau. Haguenau, Wissembourg, Lauterbourg et Landau furent repris, mais les Autrichiens renversèrent le fort Vauban, emmenant prisonnière en Hongrie la garnison, composée de recrues alsaciennes.

Cependant la persécution religieuse continuait. En juin 1794, Hirsingue célébra la St-Fortunat, sa fête patronale. Le prédicateur de la fête fut le révolutionnaire Stehlin, curé de Bouxwiller. La nuit suivante, un petit arbre que l'on avait planté devant la maison du maire, fut renversé. Cet arbre, qu'on fit méchamment passer pour l'arbre de la liberté, devint le prétexte pour sévir contre tous les prêtres non-apostats, assermentés ou non, qui se trouvaient encore en Alsace. Hentz et Goujon lancèrent un arrêté furibond que l'ivrogne général Dièche exécuta avec la dernière barbarie. 256 prêtres des districts de Belfort, d'Altkirch et de Colmar furent entassés dans les prisons de Besançon. A Strasbourg on incarcéra les ministres de tous les cultes ainsi que les instituteurs : les prêtres dont on put se saisir dans le district de Benfeld furent cruellement maltraités et envoyés à Besançon.

Le 9 thermidor an III (28 juillet 1795) est marqué par la chute de Robespierre, ce Cromwell avorté de la révolution française, dont l'ambition avait dévoré quatre millions de victimes de tout âge et de tout rang. Monnet et quelques autres terroristes furent destitués par le représentant Foussedoire, et peu après l'arrivée de Bailly délivra l'Alsace de la tyrannie des Jacobins. Aussi, dès la fin de l'année 1794, les habitants de Wintzenheim, de Turckheim et de Wettolsheim renversèrent les *montagnes* élevées dans leurs églises.

La loi du 3 ventôse an IV (21 février 1795) fut un premier pas dans la voie de la liberté. La réouverture des églises fut de nouveau tolérée, mais les prêtres

restés cachés dans le pays ne pouvaient pas encore se
montrer, les déportés n'étaient pas rentrés et les prisonniers n'étaient rendus à la liberté qu'en fort petit
nombre ; la loi du maximum (taxe des marchandises)
fut abolie ; la dépréciation des assignats était de 95 0/0 :
ils cessèrent d'avoir cours le 29 juillet.

En 1796, Moreau prit le commandement de l'armée,
passa le Rhin avec 71,000 hommes, s'empara de Kehl
et fit sa jonction avec l'armée de Sambre-et-Meuse,
sous les ordres de Jourdan, pour marcher sur Vienne.
La jalousie de ces deux chefs sauva l'Autriche. Contraint de reculer, Moreau trouva Kehl bloqué, et se vit
forcé de remonter le courant du fleuve pour le repasser à Brisach et à Huningue. Cette retraite fut un
chef-d'œuvre de stratégie. Aussitôt l'archiduc Charles
prit l'offensive et assiégea Kehl, vigoureusement
défendu par Desaix. Après deux mois de résistance,
le fort ne pouvant plus tenir, Desaix arracha une
palissade et en chargea ses épaules, chaque soldat en
fit autant ; en moins de quatre heures de temps, tout
ce qui avait servi de défense était enlevé, et l'intrépide
général put dire en entrant à Strasbourg avec sa troupe
munie de palissades : « Le fort n'est pas évacué, il est
emporté » (10 janv. 1797). La tête du pont d'Huningue,
défendue avec la même intrépidité par le jeune et
héroïque Abatucci, fut emportée lorsqu'elle ne présenta
plus qu'un monceau de décombres (2 fév), : Abattucci
y trouva une mort glorieuse. Les compagnons d'armes
du jeune héros qui, à 25 ans, était déjà devenu l'émule
de nos plus grands capitaines et était tombé en pronon-

çant ces belles paroles : « Pour la patrie ! », lui élevèrent le monument que l'on voit à l'entrée de la petite ville de Huningue.

Les autels s'étaient rapidement relevés en Alsace, quand le décret du 20 fructidor (6 sept. 1797) raviva la persécution : l'observation du *decadi*, l'emploi du calendrier républicain (note XXX), furent de nouveau exigés ; la chasse aux prêtres recommença de plus belle. Et cela dura jusqu'au 7 thermidor an VIII (26 juillet 1800).

Le 29 janvier 1798, le petit Etat de Mulhouse, perdu au milieu du territoire de la République, vota par 591 voix sur 606 sa réunion à la France. Cette fusion, qui contrariait quelques notabilités de la cité manufacturière, était devenue pour elle d'une impérieuse nécessité, par suite du développement de son industrie et de l'espèce de blocus commercial que lui faisait subir la France.

Des conspirations contre la vie du premier consul Bonaparte signalèrent l'année 1804. Georges Cadoudal et onze de ses complices furent décapités à Paris, le général Pichegru s'étrangla dans sa prison et Moreau fut exilé. Le 16 mars, Strasbourg vit entrer dans ses murs, escorté par un détachement de cavalerie, l'infortuné duc d'Enghien, enlevé, contre le droit des gens, la nuit, de son château d'Ettenheim (Bade), sous l'inculpation du même crime. Transféré à Vincennes, jugé par une commission militaire, le jeune prince, malgré son innocence, fut condamné à mort et fusillé dans les fossés du château, le 21 mars. Napoléon, dans ses Mémoires, impute cette exécution à un excès de zèle qui n'attendit point ses ordres.

Le 26 septembre 1805, Napoléon arriva à Strasbourg avec l'impératrice Joséphine et toute sa cour. Du camp de Boulogne il passa en Allemagne contre la coalition suscitée par l'Angleterre. Après une courte mais glorieuse campagne illustrée par la victoire d'Austerlitz et la paix de Presbourg, l'empereur fit de nouveau son entrée à Strasbourg (22 janvier), où tout un peuple, ivre de joie, fier de son prince couronné de gloire, lui fit une réception splendide : en mémoire de ce fait, la porte Dauphine reçut le nom de Porte d'Austerlitz.

En 1809, Strasbourg vit de nouveau dans ses murs Napoléon et cette Joséphine tant aimée : celle-ci y passa une partie de l'été pendant que l'empereur se trouvait à la tête de l'armée. Mais une fille des Césars devait bientôt prendre la place de Joséphine sur le trône ; et, le 22 mars 1810, l'archiduchesse Marie-Louise, fille de l'empereur d'Autriche François 1er, fiancée de Napoléon, fut reçue avec pompe à Strasbourg, d'où elle se rendit à Paris. Le 10 mars 1811, elle donna le jour à Napoléon II, lequel reçut en naissant le nom de *Roi de Rome*, titre usurpé qui ne devait pas porter bonheur à l'enfant qu'on en revêtit.

Les désastres de la campagne de Russie (1812) et la sanglante défaite de Leipzig (16, 18 et 19 oct. 1813) avaient fait pâlir l'étoile de Napoléon. Les alliés entrèrent en France par Bâle (21 déc.), et, malgré quelques brillants combats où s'illustrèrent encore nos aigles, investirent Huningue et Brisach, s'établirent à Colmar, bloquèrent Schlestadt et Strasbourg. Le 1er janvier

1814, les Russes, sous les ordres du comte de Witt-genstein, passèrent le Rhin entre Seltz et Lauterbourg, et pénétrèrent en France par la vallée de Dossenheim. Le duc de Bellune céda petit à petit le terrain aux masses ennemies qui débordaient de toute part. Napoléon, malgré des prodiges de valeur, ne peut empêcher le prince de Schwartzenberg de se diriger sur Paris, qui capitule le 31 mars 1814; et le grand empereur signe, le 14 avril, son abdication au palais de Fontainebleau, embrasse une dernière fois ses aigles, fait ses adieux à ses vieux compagnons d'armes, dont les figures, bronzées par cent batailles et cicatrisées par les blessures, s'inondent de larmes, et part pour l'île d'Elbe.

Mais cette île se trouva trop petite pour celui qui s'était senti à l'étroit dans le monde. Bientôt « les aigles avec les couleurs nationales volent de clocher en clocher jusqu'aux tours de Notre-Dame. » Ce retour fut le signal de nouveaux combats, de nouvelles victoires, suivies d'une désastreuse défaite !

Dès la reprise des hostilités, l'Alsace avait été envahie. Le général Lecourbe arrêta l'archiduc Ferdinand sous les murs de Belfort ; Rapp et Rothembourg défirent le prince de Wurtemberg sur la Suffel (28 juin 1815). Victoires inutiles ! L'armée, ne pouvant plus tenir la campagne, fut forcée de se retirer derrière les murs de Strasbourg. Une suspension d'armes fut signée par le général Semélé, ce qui n'empêcha pas les alliés de bloquer étroitement cette ville, Belfort, Huningue, Brisach, Schlestadt, Wissembourg et Landau.

Waterloo avait abattu la puissance de Napoléon. Le licenciement des troupes est ordonné. Le corps du général Rapp, concentré à Strasbourg, s'y refuse jusqu'à l'acquittement d'un arriéré de solde de 700,000 fr. Les soldats ne veulent pas rentrer chez eux « sans le sou, comme des malfaiteurs congédiés. » Rapp ayant mal reçu les cinq sous-officiers qui lui apportaient par écrit les réclamations de l'armée, une insurrection militaire éclate aussitôt ; le sergent corse Dalouzy, acclamé par ses camarades, prend, sous le titre de général Garnison, le commandement de la place, se compose son état-major des autres sous-officiers, se rend maître du télégraphe, du tocsin, de l'arsenal. Tous les officiers sont consignés ; Rapp, prisonnier dans son palais, est gardé par une batterie d'artillerie. Par ordre du général improvisé, les sentinelles sont doublées, la défense de la place assurée, l'ordre et la sécurité maintenus par des mesures énergiques. Dalouzy résigne son périlleux honneur dès que la somme due est versée. Le prince de Hohenlohe, chargé du blocus, offrit un brevet de lieutenant au brave sergent ; mais celui-ci refusa, aimant mieux vieillir dans son modeste grade à l'ombre du drapeau français, que de servir l'étranger.

Le licenciement de l'armée une fois effectué, les alliés levèrent le blocus de Strasbourg, de Schlestadt et de Brisach, mais l'archiduc Jean poussa le siège d'Huningue avec vigueur. La place était défendue par le général Barbanègre, et l'armée assiégée se composait de 100 canonniers, 30 fantassins et 5 gendarmes. Quoique

le commandant eût offert d'arborer le drapeau blanc et
de reconnaître Louis XVIII, la forteresse ne fut pas
moins bombardée du 27 au 30 août. Lorsqu'il ne lui restait plus que 50 hommes, Barbanègre capitula et la
garnison sortit avec les honneurs de la guerre. Sur les
instances de la Suisse, la forteresse fut démantelée cinq
jours après. Aujourd'hui les remparts abattus sont
changés en jardins : des fleurs couronnent ces tristes
ruines !...

CHAPITRE XII.

La France était humiliée, ruinée. Louis XVIII prend possession du trône au milieu des acclamations ,et des larmes de joie de tout un peuple. Déjà en octobre 1814 le duc de Berry, dans son ' voyage à travers l'Alsace, avait été reçu avec des démonstrations de la plus vive sympathie : à cette occasion, Strasbourg avait perdu son préfet tant aimé et tant respecté, Lézay-Marnésia, lequel, accompagnant le prince à Landau, périt accidentellement près de Brumath ; sa voiture ayant versé, il fut, dans la chûte, transpercé de son épée de parade.

Les plénipotentiaires des puissances qui avaient été en guerre avec la France, se réunirent en conférence à Vienne, où le fameux traité de 1815 régla les destinées de la nation vaincue. Celle-ci perdit la Savoie, Landau fut donnée à la Bavière, les cantons de Porrentruy et de Délémont furent ajoutés à la Suisse, et la Prusse s'agrandit du comté de Sarrebruck et de Sarrelouis. La mutilation de la France ainsi arrêtée ne parut pas suffisante à cette dernière qui avait été le plus humiliée par l'Empire ; elle ne demandait rien moins que l'annexion de l'Alsace à l'Allemagne: Mais la Russie et l'Angleterre montrèrent plus de générosité à l'égard d'une nation qui n'avait pu être abattue que par la coalition de toute l'Europe, et l'Alsace resta française.

Cette province continua d'être occupée par les corps alliés sous les ordres du général autrichien, baron de Frimont, dont le quartier-général était à Colmar, et du lieutenant-général wurtembergeois Wœllwarth, qui résidait à Wissembourg.

En décembre 1818, les étrangers quittèrent le sol de l'Alsace. Grande fut la joie, et l'on commença de nouveau à respirer.

Trois longues années d'une occupation militaire, de lourdes charges imposées par les vainqueurs, deux années de disette qui firent monter l'hectolitre de froment à 85 francs, épreuves bien cruelles après tant de misères déjà subies, rien n'abattit le courage de l'Alsacien. Les bienfaits de la paix, après vingt ans de guerre et d'invasion, la richesse du sol, la variété des cultures, l'activité énergique des habitants de cette province, eurent bientôt fait disparaître les traces de cette époque malheureuse.

En mai 1820, le duc d'Angoulème honora pour la seconde fois notre Alsace de sa présence.

Tout était dans le plus grand calme, quand on découvrit à Belfort une conspiration carbonarique. La *Société des amis de la vérité* ayant déjà échoué dans son plan d'insurrection en 1818, et ses membres ayant été bannis de France, les plus exaltés d'entre eux étaient allés s'affilier aux sociétés secrètes d'Italie. Parmi eux, un certain Dugied rentra le premier avec un vaste plan d'association qui enveloppait dans son réseau téné-

breux toutes les grandes villes de France. Belfort fut
choisi pour le point d'où devait partir le mouvement
pour atteindre Paris. Là les *frères* et *amis* avaient tout
disposé pour la réussite. Le chef de cette révolution
devait être le républicain général La Fayette. Le jour
et l'heure furent fixés au 31 décembre 1821, à minuit.
Déjà le colonel Pailhès était parti de Paris dans les
premiers jours de décembre et La Fayette devait le
suivre. Au dernier moment, tout le complot fut dénoncé
par un sous-officier au commandant de place Toustain.
La Fayette put être prévenu à temps de l'avortement
de l'entreprise, et les conjurés qui ne réussirent pas à
se soustraire par la fuite, furent condamnés par les
assises de Colmar, le 13 août 1822, à diverses peines :
six des accusés furent condamnés à mort par contu-
mace. Cependant le colonel Caron, retiré à Colmar,
formait le projet de délivrer les condamnés qui se
trouvaient dans les prisons de cette ville ; il fit, à la
tête de l'escadron des chasseurs de l'Allier, une tentative d'insurrection, fut trahi, chargé de fers, traduit
devant le Conseil de guerre à Strasbourg, condamné à
mort et fusillé, le 1er octobre 1822.

Louis XVIII meurt, laissant la couronne à son frère,
Charles X (1824). Ce bon prince voulut connaître par
lui-même l'état du pays et le besoin de ses sujets : il
visita aussi l'Alsace. Partout on lui fit une réception
des plus splendides (1828). Mais, hélas ! que peut
l'amour des sujets pour garantir le trône du prince
contre l'esprit d'impiété et d'insurrection semé dans
les masses ! Le canon des Invalides tonnait encore

pour annoncer à la France que le drapeau fleurdelisé flottait enfin sur les murs d'Alger, ce repaire de tous les écumeurs de mer, que les barricades s'élevèrent dans la capitale et que le meilleur des rois partit pour l'exil (25 juillet 1830).

Le duc d'Orléans, fils du citoyen *Egalité*, profita de cette révolution, et, du milieu des barricades, sous le nom de Louis-Philippe Ier, releva le trône. Dès l'année suivante, le roi, accompagné de deux de ses fils, les ducs d'Orléans et de Nemours, fit un voyage en Alsace. Si la réception du roi ne fut pas aussi cordiale que l'avait été celle de son prédécesseur, elle ne laissa cependant pas que d'être grandiose.

Ce règne est remarquable par les tentatives multipliées contre la vie et le trône du prince.

Cependant le pays jouissait d'une paix profonde. Tout à coup l'aigle impériale parait sur les bords du Rhin. C'était le 29 octobre 1836. Le prince Louis-Napoléon, neveu de l'empereur, arrive spontanément à Strasbourg. Le colonel Vaudrey, qui y commandait le 4e régiment d'artillerie, ce régiment dans lequel l'empereur avait fait ses premières armes à Toulon, qui, après son retour d'Elbe, l'avait accueilli avec enthousiasme et escorté jusqu'aux Tuileries, le colonel Vaudrey, lieutenant-colonel à 28 ans à Waterloo où il commandait 28 pièces de canon, était l'associé des vœux, des espérances, des plans du prince. Deux proclamations sont lancées ; l'une au « Peuple français » commençant ainsi : « Français, la trahison vous enveloppe, vos intérêts commerciaux ainsi que votre honneur et votre gloire sont vendus à l'étranger», et se terminant par ces mots : « Hommes de 1789, du 20 mars 1815, et vous, hommes de 1830, levez-vous et voyez qui vous gouverne, jetez vos regards sur l'aigle, cet antique symbole de la gloire, ce symbole de la liberté, et faites votre choix ! » A l'armée il dit : « Soldats de la République, soldats de l'empire ! que mon nom réveille en vous cette antique vaillance ! Et vous, guerriers plus jeunes qui, comme moi, avez vu le jour au bruit du canon de Waterloo, souvenez-vous que vous êtes les fils de cette phalange de héros. Le soleil de cent victoires a éclairé votre berceau, que vos faits et votre mort soient aussi dignes de votre origine ! »

Le 30 octobre, à 5 heures du matin, la générale sonne au quartier d'Austerlitz. Le prince passe devant le front du 4ᵉ régiment rangé dans la cour. Après une allocution de leur chef, ce n'est qu'un cri enthousiaste de « Vive Napoléon ! Vive l'empereur ! » et l'aigle est remise par le prince au régiment. Le début de l'entreprise est heureux, le prestige du nom va ouvrir au prétendant une marche triomphale, victorieuse et populaire. Les rôles sont distribués. De Persigny, esprit fin, profond et pénétrant, caractère énergique et audacieux, qui avait noué les fils du complot, devait arrêter le préfet, le lieutenant Piétri s'emparer du télégraphe, le lieutenant de Schaller s'assurer du général de brigade et du colonel du 3ᵉ régiment d'artillerie, le lieutenant Laity instruire des faits survenus le corps des pontonniers. Comme une étincelle électrique, la nouvelle court la ville, et malgré l'heure mati-

nale, le cortége de Louis-Napoléon grandit ; on baise
le drapeau porté par le lieutenant de Quérelles. Le
colonel Vaudrey et le prince se rendent chez le général
de division de Voirol, qui refuse de livrer son épée et
de manquer à son serment ; il est consigné et gardé
à vue par le commandant Parquin. Le cortége du
prétendant arrive à la caserne de la Finkmatt.

Ici la scène change. Au milieu de l'exaltation qui
s'empare des esprits au nom de Napoléon, le lieutenant Pleignier du 36e régiment de ligne crie à ses
soldats qu'ils étaient les dupes d'un aventurier : « Ce
n'est pas le neveu de l'empereur, s'écrie le colonel
Taillandier, mais bien le neveu de Vaudrey ! » L'artillerie et la troupe de ligne allaient en venir aux mains.
Les spectateurs lancent des pierres sur le 46e de ligne
et applaudissent le 4e d'artillerie. Mais le coup est
manqué, l'échec est complet, le prince est prisonnier.
« Je suis prisonnier, s'écrie-t-il, tant mieux, je ne
mourrai pas dans l'exil! », paroles qui ne furent rien
moins que prophétiques. Conduit sous bonne escorte à
Paris, de là transporté à Lorient, le prince Bonaparte
est embarqué sur l'Andromède pour l'Amérique. Quant
à ses compagnons d'infortune, ils furent traduits
devant le jury de Strasbourg, et..... acquittés.

La France était rapidement descendue dans les voies
de l'humiliation. Le programme gouvernemental « la
paix à tout prix » lui fit avaler le calice de la honte
jusqu'à la lie ; et la royauté de Juillet tomba, comme
elle s'était élevée, au milieu des barricades, sans laisser
de regrets (1848).

CHAPITRE XIII.

Le 24 février 1848, un homme sort furtivement des Tuileries, monte dans un fiacre à la place même où Louis XVI était monté à l'échafaud, et va sur le bord de la mer attendre un frêle esquif qui voulût bien le transporter en Angleterre. C'était Louis-Philippe fuyant l'émeute victorieuse. La République est proclamée. Alors un autre personnage rentre en France en favori du peuple et lui persuade de lui confier les destinées de la jeune République. Cet homme, nous le connaissons déjà : c'est le fils de la reine Hortense, le héros de Strasbourg et de Boulogne, échappé quelques années auparavant du fort de Ham. Il s'installe à l'Elysée en qualité de président. De l'Elysée aux Tuileries il n'y a qu'un pas. Les vertiges, les folies d'une partie de l'Assemblée nationale, la perspective certaine de l'anarchie sanglante, lui servent d'escabeau pour monter sur un trône vacant. La France, qui a peur des cupidités, des immoralités, des violences honteuses de la démagogie, se jette éperdue entre les bras d'un sauveur quelconque. C'en est fait de la République, l'empire est créé.

Au mois d'août 1850, le prince-président parcourt la France ; il recueille partout les sympathies les plus enthousiastes. La réception que lui font Belfort, Colmar et Strasbourg tient du délire ; le peuple de la campagne accourt en masses serrées pour voir et acclamer l'héritier du nom de « Napoléon », de ce nom si populaire et si cher en Alsace, ce nom rappelant tant de grandeur et tant de gloire. Aussi les cris de « Vive l'empereur ! » dominent-ils de bien haut celui de « Vive la République ! » cet autre nom au souvenir sanglant et néfaste pour l'honnête Alsacien.

Le 20 juillet 1852, Strasbourg inaugurait le chemin de fer de Paris à Strasbourg, ligne qui avait été décidée par une loi du 21 juin 1842. Ce qui devait rehausser singulièrement cette cérémonie à la fois civile et religieuse, ce fut l'arrivée du prince-président. Le chef de l'Etat fut acclamé dans la capitale de l'Alsace avec un enthousiasme indescriptible : son entrée fut une entrée vraiment triomphale ; toutes les maisons étaient pavoisées, couvertes de devises, d'inscriptions. Les cris de « Vive Napoléon ! Vive l'empereur ! » les fleurs, les bouquets formaient un ensemble impossible à décrire.

Le 21 novembre suivant, la France, désirant la stabilité dans ses institutions, consultée sur la proposition suivante : « Le peuple français veut le rétablissement de la dignité impériale dans la personne de Louis-Napoléon Bonaparte, avec hérédité dans sa descendance directe, légitime ou adoptive, et lui donne le droit de régler l'ordre de succession au trône dans la famille Bonaparte », répond affirmativement par 7,824,119 voix. Les deux départements du Rhin, sur 215,673 votants expriment le même vœu par 207,423

«Oui»; et Louis-Napoléon met sur sa tête la couronne de Napoléon Ier.

L'Alsace, sous l'égide de la grande, belle et noble France, dont elle avait tant de fois partagé la fortune et les revers, crut l'ère des invasions close pour toujours. Hélas! elle devait subir plus que l'invasion, elle devait se voir violemment arrachée des bras de la mère-patrie!

Depuis sa guerre heureuse contre l'Autriche, depuis la journée de Sadowa si fatale à cet empire (1866), la Prusse ne connut plus qu'une ennemie. Une partie de sa politique traditionnelle, l'hégémonie de la Prusse sur l'Allemagne, l'amoindrissement de l'Autriche, était réalisée. Restait le démembrement de la France. Les journaux, les brochures, les chansons d'outre-Rhin ne cessaient de réclamer l'Alsace, cette enfant égarée, comme garantie contre l'ambition de la France impériale. Celle-ci, de son côté, sous le règne de Napoléon III, avait vu grandir outre mesure sa fortune matérielle; elle avait cru pouvoir se passer de Dieu et quittait insensiblement les voies tracées par la Providence; elle avait forfait à sa mission, à son honneur : le châtiment devait être exemplaire.

La révolution qui venait de renverser en Espagne le trône de la reine Isabelle (30 juillet 1838), fit naître l'incident Hohenzollern. Cette candidature du prince Léopold au trône d'Espagne fut le prétexte d'une déclaration de guerre que l'empereur fit à la Prusse (19 juillet 1870). Il crut avoir facilement raison de cette nation, qui était devenue un sujet d'inquiétude pour

l'Europe entière. Mais il avait compté sans l'habileté
du chancelier baron de Bismarck, qui, peu après son
triomphe sur la Confédération, avait su rallier les
princes allemands à sa politique. Toute l'Allemagne
mobilisa son armée, et mit sur pied près d'un million
d'hommes, quand la France ne put pas seulement
trouver 400,000 soldats.

Dès le 4 août, le prince royal de Prusse, à la tête
d'un corps de 150,000 hommes, prenait l'offensive pour
pénétrer sur le territoire français entre les Vosges et
le Rhin : son quartier-général était à Spire. Le duc de
Magenta avec un corps d'armée de 35,000 combattants
avait pris position près de Frœschwiller et de Wœrth
pour couvrir le chemin de fer de Strasbourg à Bitsche
et les voies de communication principales qui relient
le revers oriental au revers occidental des Vosges,
pendant qu'il détachait la division Abel Douay, forte
de 8 à 10,000 hommes, à Wissembourg. Cette division
fut écrasée dans un combat héroïque de six heures sur
le plateau du Geisberg, le même jour où la France
retirait au Saint-Père la petite garde-d'honneur qu'elle
avait auprès de sa personne, pour laisser le champ
libre à la révolution cosmopolite : coïncidence fatale.
Le vainqueur, ayant transporté son quartier-général à
Soultz, vint attaquer le maréchal dans ses positions.
La lutte fut gigantesque. Mais ici encore l'antique
bravoure française échoua contre des masses quadru-
ples, et Mac-Mahon dut opérer sa retraite par Niederbronn et Saverne après avoir laissé 4,000 des siens sur
le champ de bataille et 6,000 prisonniers entre les

main de l'ennemi. Cette retraite fut couverte par l'impétueuse charge des cuirassiers, passée à l'état légendaire. Le même jour, 6 août, le général prussien von Gœben repoussa des hauteurs de Spickeren le corps du général Frossard. L'Alsace était ainsi livrée à l'ennemi jusqu'à Metz et Strasbourg, tous les passages des Vosges étaient libres, toute la frontière Est était ouverte.

Le 9, un parlementaire allemand se présenta au général Uhrich, commandant de Strasbourg, le sommant de rendre la place. Le général répondit par une proclamation : « Si Strasbourg est attaqué, Strasbourg se défendra tant qu'il y aura un soldat, un biscuit, une cartouche ». Le 19, le général badois Werder commença le bombardement de la ville. Le 27, nouvelle sommation de se rendre. « Strasbourg se défendra à outrance ! » fut la réponse. La ville est littéralement criblée de bombes et d'obus. L'évêque, nouveau Léon, se rend au camp de Werder, pour le prier de ne s'attaquer qu'aux remparts et aux ouvrages militaires, et non aux habitants inoffensifs de la cité ; mais le digne prélat fut moins heureux que ne l'avait été l'évêque de Rome, et sa démarche demeura infructueuse. Enfin le 28 septembre, la place capitula et la garnison sortit avec les honneurs de la guerre. Lorsque le brave commandant de la forteresse parut, Werder mit pied à terre avec son état-major, alla au-devant de lui, l'embrassa, et lui adressa ses félicitations pour sa belle défense. La garnison avait perdu 2,500 hommes tués ou blessés : 400 habitants de la ville avaient perdu la vie.

Dans l'intervalle, la France n'eut à enregistrer que désastres sur désastres. Au milieu de cette confusion générale, l'empire s'écroula sous le poids de ses fautes (4 septembre); un gouvernement dictatorial le remplaça sous le modeste titre de *Gouvernement de la défense nationale*: l'âme de ce gouvernement improvisé fut le député républicain Gambetta. La guerre à *outrance* devint le mot d'ordre.

Schlestadt avait été investi dès les premiers jours d'octobre ; les premières bombes y tombèrent le 18. Le chef de bataillon Reinach de Foussemagne dut capituler le 23, et la garnison sortit avec les honneurs de la guerre. L'ennemi y fit 4,000 prisonniers et y prit 120 canons.

Après la capitulation de Strasbourg, 7 à 8,000 Allemands se portèrent sur Colmar et allèrent investir Brisach et le fort Mortier. Le bombardement de cette place fut inauguré le 11 octobre avec une violence inouïe qui amoncela les ruines dans la ville. Le fort Mortier s'effondra sous une pluie de projectiles ennemis et dut se rendre le 7 novembre : 700 soldats et 10 officiers étaient prisonniers. Le 10 novembre le lieutenant-colonel Kerhor capitula : 5,000 prisonniers et 100 pièces de canons furent les trophées de l'ennemi.

L'Allemagne triomphait sur toute la ligne. L'élite de l'armée française, sous les ordres du maréchal Bazaine, bloqué dans Metz, Paris serré de près et bombardé, nos jeunes armées, organisées sous le feu de l'ennemi, inexpérimentées, accablées de revers, le désordre partout : situation navrante pour un cœur français, perspective poignante pour l'Alsace déjà sous l'étreinte de l'Allemand !

Les places fortes de l'Alsace se trouvaient entre les mains des ennemis. Restait Belfort. Cette ville comptait comme défenseurs 3,000 soldats de la ligne et 13,000 mobiles du Haut-Rhin et des départements limitrophes : le colonel Denfert-Rochereau les commandait. Du 3 au 28 novembre, le général de Trescow bloqua la place, prépara ses moyens d'attaque et amena ses canons de siége. Dès le commencement de décembre le bombardement de la ville commença, la capitulation de Metz (27 octobre) avait livré aux Allemands des obus français qui venaient éclater dans les rues de Belfort !

Tout n'est pas perdu. Bourbaki s'avance avec une nouvelle armée de 80,000 hommes pour débloquer cette forteresse. Le grondement du canon se rapproche ; le 9 janvier 1871, la victoire de Villersexel relève toutes les espérances. Mais Paris capitule, et Bourbaki va avoir sur les bras toutes les forces des Allemands, désormais disponibles : le général de Manteuffel s'avance à marches forcées vers le point menacé. Adieu l'espérance ! Il ne reste plus qu'une désastreuse retraite et la capitulation de Belfort. La reddition de cette place forte eut lieu le 16 février, et « la garnison, vu sa valeureuse défense, sort librement, avec les honneurs de la guerre, et emmène ses aigles, ses drapeaux, armes et bagages, chevaux, ainsi que les archi-

ves de la place ». Le 17 et le 18 février les troupes
françaises évacuèrent Belfort et les ennemis y entrèrent.

« Le canon de Belfort fut le dernier qui se fit entendre en France. La ville avait héroïquement traversé
soixante-treize jours de bombardement incessant, au
milieu de souffrances inénarrables, auxquelles il ne man-
qua que celle de la famine ; hiver terrible, vie dans les
caves, froid intense, mortalité considérable, sans
compter les angoisses morales ; mais quelle récompense après cette longue et terrible épreuve ! Belfort
devait rester français ! » (Ann. encycl. T. 9, p. 1682).

Les préliminaires de la paix furent signés au château de Versailles, le 26 février 1871. Aux termes de
l'article 1er, la France abandonne à l'Allemagne l'Alsace, moins Belfort et son territoire, ainsi que la
Lorraine allemande ; l'article 2 stipule une indemnité
de guerre de cinq milliards que la France payera aux
vainqueurs. Le traité définitif fut signé à Francfort-
sur-le-Main, le 10 mai suivant.

NOTES.

NOTE 1, voir la page 10.

Il serait difficile d'indiquer le lieu exact où se donna cette bataille. D'après César lui-même en ses Commentaires (*De bello gall.* I, 53) le champ de bataille ne se trouvait qu'à 5,000 pas du Rhin ; des éditions mettent 50,000 pas. En admettant que 3,000 pas équivalent à une lieue ordinaire, on arriverait avec les 5,000 pas à la plaine entre Ensisheim et Cernay ; les 50,000 pas, au contraire, nous mèneraient à 16 lieues de chemin, entre Belfort et Montbéliard. A quelle supposition s'arrêter ? D'un côté César dit que l'ennemi poursuivi ne s'arrêta qu'il n'eût atteint le Rhin, ce qui parlerait en faveur de 5,000 pas, car 16 lieues seraient une distance bien considérable pour les vaincus et les vainqueurs après une chaude bataille. D'un autre côté, César dit encore qu'Arioviste s'était avancé sur les Romains à trois journées de marche vers Vesontio, ce qui donnerait à peu près 50,000 pas ou 40 stades (8 stades = 1,000 pas), selon Plutarque. De plus, il est à remarquer qu'il n'est pas dit que les ennemis eussent été poursuivis jusqu'au fleuve. Cette dernière supposition paraît donc la plus vraisemblable. Schœpflin l'adopte et place ce lieu à Porrentruy, Montbéliard ou Dampierre. Près de Porrentruy se trouve un champ, appelé encore le Camp de César.

NOTE II, *voir la page 11*.

Ces voies (*strata*) se composaient de trois lits. Le lit inférieur (*rudus*) était formé de grosses pierres brutes mises à plat et jointes sans ciment; le deuxième de 0^m,60 d'épaisseur (*nucleus*) se composait de gros gravier; le lit supérieur (*summa crusta*), véritable dallage, était fait de très-grandes pierres taillées, placées de niveau et jointes par un ciment.

NOTE III, *voir la page 14*.

L'opinion des historiens est fort partagée sur l'endroit où cette apparition eut lieu. Les uns veulent que ce soit à Trèves même, d'autres pensent que c'est dans les environs de Brisach, d'autres enfin trouvent dans le nom de Singrist (*signum Christi*), village à 5 kilomètres de Saverne, le lieu où, de la voie romaine passant par Tres-Tabernœ, la croix aurait été vue. Il y a dans cette dernière étymologie quelque chose de vraisemblable.

NOTE IV, *voir la page 16*.

Il faut bien se garder de confondre Argentaria, située au nord du lac de Constance, près du pays des Lentiens, avec Argentouaria, située dans la Haute-Alsace, soit à l'emplacement actuel de Horbourg, soit à celui d'Ohnenheim.

NOTE V, *voir la page 19*.

Cette église de Notre-Dame de Strasbourg, sorte d'ex-voto du vainqueur, n'indiquerait-elle pas suffisamment que cette bataille se donna en Alsace et non près de Cologne? Aucun historien contemporain ne parle au reste de Tolbiac. Le secours que Clovis avait accordé à Tolbiac à son parent Sigebert, chef des Ripuaires, et la blessure de celui ci dans la mêlée, ont probablement induit les historiens en erreur, et ils n'ont vu dans deux faits différents qu'un seul et même événement. (Voy. *Laguille*, p. 41; *Henschénius, Act. Sanctor.* I, p. 795; *Grandidier.* I. p. 288; *Aufschlager*. III, p. 76).

NOTE VI, *voir la page 20.*

D'après Laguille, les Suggentenses seraient les habitants du Sundgau ; les noms de Turenses et de Camponenses se reconnaîtraient dans les habitants des bords de la Thur et de Kembs. Cependant il est difficile de comprendre pourquoi l'historien Frédégaire, dans l'acte de Seltz, désignerait d'une manière particulière les habitants du Sundgau et ceux des bords de la Thur et de Kembs comme n'appartenant pas à l'Alsace au même titre que le reste du territoire. Ne faudrait-il pas plutôt voir dans ces dénominations les habitants du pays où Thierry était né et où il avait des villas, pays auquel il tenait d'une manière particulière, la contrée entre Marlenheim, Dettwiller (*Theuderici villa*), Schweighausen (?) Schweinheim (?) (*sueahhus*), Hochfelden (champ élevé. *campus*) ?

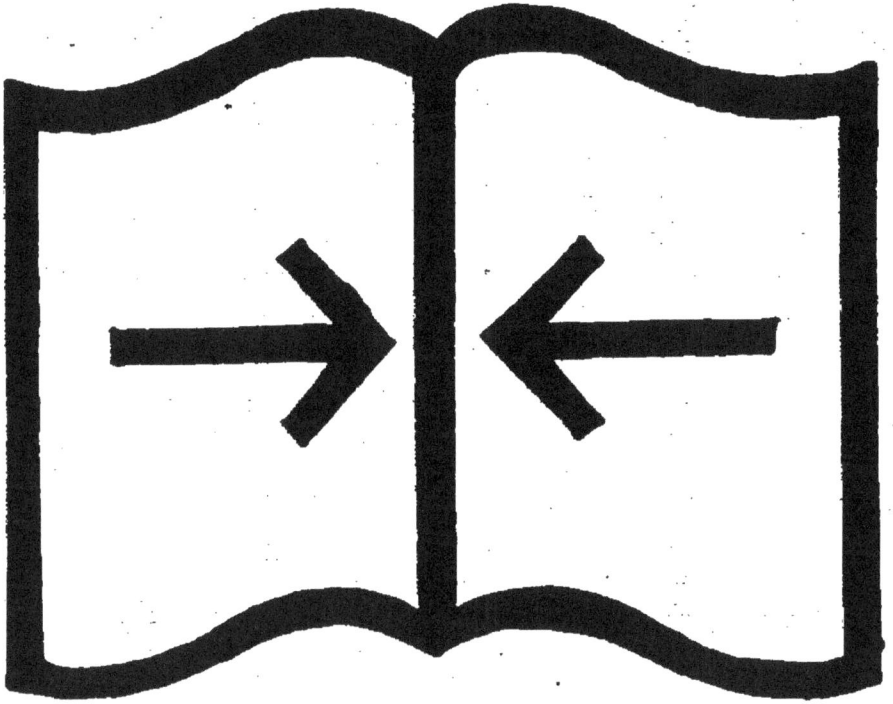

RELIURE SERRÉE
ABSENCE DE MARGES INTÉRIEURES

Cette famille a été la souche des maisons de Habsbourg, de Habsbourg - Lorraine, de Bade et de France.

690. ATTIC et ADALRIC, duc d'Alsace.

722 ADALBERT, duc d'Alsace.	Ste ODILE, abbesse.	720 Etichon II, duc. HUGUES.
		730 Albéric, comte.
750 Luitfried Ier, duc. Eberhardt et Maison	Stes Eugénie,	800 Eberhardt Ier, » 748 Hodale. Kléon. Remi, év. de Strasbourg
800 Luitfried II, » comtes	Gundelinde et	864 Eberhardt II, » Egerhard. Hugues. † en 783.
839 HUGUES »	Attala, abbesses.	900 Eberhardt III, » Raieramne.
		940 Hugues Ier, comte
864 Luitfried III » Gérard de Roussillon,	Adelaïde, épouse de	du Nordgau.
910 Luitfried IV, » cte de Paris. 863.	Robert-le-Fort, tige	955 EBERHARDT IV,
tué à Beunwihr.	de la maison de	comte du Nordg.
926 LUITFRIED V,	France.	983 Adalbert Ier, mar- HUGUES III, cte du Nordg. ADELAÏDE, tige
cte du Sundgau.		graf de Lorraine. des emp. saliens
		948 Adalbert II, duc
939 Gontran, comte d'Argovie. Luitfried VI, comte du Sundgau.	970 Gérard II, » 1046 HUGUES IV, comte Eberhard
990 KANTZELIN, cte d'Alten- Luitfried VII, »	1028 Thierry d'Al- d'Eguish.-Dabo. comte.
bourg.	sace, »
	1030 Simon, » 1078 Gerhard, cte d'E- Hugues V, cte d'St-Léonard
1008 Birctilon, comte du Brisgau. 1027 Radebode, comte	Wernher, év.	1076 Mathieu, » guish. de Dabo. Pape.
1077 Berthold, » d'Altenbourg.	de Strasb.	1097 Ferry Ier, » Henri, cte d'Eguish.
1074 Herrmann I, margraf de Bade. 1036 Wernher Ier, cte de Habsbourg.	1113 Ferry II, » 1074 Gerhart, » et de Dabo.
1130 Hermann II, » 1111 Otton Ier, »	1131 Mathieu II, » 1089 Godefroi, comte du 1086 Hugues VI, comte de
1160 Hermann III, » 1162 Wernher II, »	1163 Ferry III, » Nordg. landg. Dabo.
1190 Hermann IV, » 1199 Adalbert I, »	1212 Thiebaut Ier, » 1135 Théodoric, landg.
1243 Hermann V, » 1232 Rodolphe Ier, landgraf.	1233 Raoul, » 1173 Godefroi » 1122 Hugues VII, comte de
1288 Rodolphe Ier, » 1240 Adalbert II, »	1293 Jean, » dont la fille ép. Metz et de Dabo.
1291 Herrmann VI, » 1291 Rodolphe II, élu empereur.	1315 Ferry, sire de Sigebert de Werde 1161 Hugues VIII, comte de
1148 Rodolphe I, » 1308 Albert d'Autriche, »	Guise. et lui apporte le Metz et de Dabo.
1153 Frédéric Ier, » 1358 Albert, archiduc d'Autriche.	1347 Antoine, cte de landgraviat en
1172 Rodolphe III, » 1386 Léopold, tué à Sempach. »	Vaudémont, » dot. 1204 Albert, »
1131 Bernard, » 1424 Ernest, archiduc d'Autriche.	1472 Ferry II de 1227 Gertrude, dernière
1453 Jacques, » 1493 Frédéric, empereur.	Lorraine, » héritière des comtés
1475 Charles Ier, » 1519 Maximilien, »	1508 RENÉ II, duc de de Metz et d'Eguis-
1527 Christophe, » 1506 Philippe d'Autr., roi d'Espagne.	Lorr. et de Barr. heim-Dabo.
1553 Ernest, » 1564 Ferdinand Ier, empereur.	
1577 Charles II, » 1590 Charles, archiduc d'Autriche.	1541 Antoine, » Claude, duc de Guise (1550).
1538 Georges-Frédéric, » 1637 Ferdinand II, empereur.	1545 François Ier, » François, » (1563).
1559 Frédéric II, » 1657 Ferdinand III, »	1545 Charles, »
1677 Frédéric III, » 1703 Léopold Ier, »	1552 François, » comte de Vaudémont.
1709 Frédéric IV, » 1711 Joseph Ier, »	1570 Nicolas-François, duc de Lorraine.
1709 Frédéric V, » 1740 Charles II, »	1590 Charles-Léopold, »
1738 Charles-Guillaume, »   1765 Marie - Thérèse d'Autriche   1679 Léopold-Joseph, »
1711 Charles-Frédéric, »   reine de Hongrie, mariée à   1705 FRANÇOIS-ÉTIENNE, »   empereur
1818 Ch.-Louis Frédéric, grand-   François de Lorraine.   par son mariage avec Marie Thérèse.
duc.		
		1750 Joseph II, empereur. Marie-Antoinette, ép. Louis XVI.
		1780 Léopold II, »
		1833 François Ier, »
		1848 Ferdinand Ier, » Marie-Louise, épouse de Napoléon Ier.

Note VIII, *voir la page 26.*

Fulrade naquit dans les environs de Schlestadt, à Saint-Hippolyte, d'après Dom Calmet (notice sur la Lorraine, 1, p. 568). On lui doit la construction de la crypte de Saint-Denis. Ces archives de la mort, où la France garde les restes de tant de monarques et de héros, sont l'ouvrage d'un enfant de l'Alsace.

Note IX, *voir la page 27.*

Ce titre de landgraf (*land*, pays, *graf*, comte) ne donnait d'autre droit que la préséance dans les assemblées et celui de rendre la justice. Le landgraf n'avait de suzeraineté que sur ses propres terres. Aussi voyons-nous dans l'histoire le comte de Ferrette, le Mundat de Rouffach, le comté de Horbourg, la baronie de Rappolstein, les abbayes, les villes impériales, indépendants du landgraf. Ce dernier était leur juge naturel, dont les décisions étaient sans appel, si ce n'est au tribunal de l'empereur. Les landgraviats subsistèrent à côté du duché pendant une période de cent ans.

DIVISION SEIGNEURIALE DE L'ALSACE.
Landgraviat de la Haute-Alsace.

1. Landgraviat proprement dit.	Ses terres et ses bourgs.	
2. Terres de l'Autriche.	Comté de Ferrette	Ancien et nouveau.
	Seigneuries diverses.	Landser, Massevaux, Eguisheim, Isenheim, Cernay.
3. Terres indépendantes de l'Autriche.	Comté de	Eguisheim, Horbourg avec Riquewihr.
	Haut-Mundat	Ses trois préfectures, Cure feudataire.
	Abbaye de Murbach	Ses trois préfectures, Cure feudataire.
	Seigneuries de	Bollwiller, Landsperg, Rappolstein.

Landgraviat de la Basse-Alsace.

1. Landgraviat lui-même { Ses terres et ses bourgs.

2. Terres de l'église de Strasbourg { Huit préfectures épiscopales. Au chapitre: Cure féodale.

3. A l'église de Spire { Anciennes et nouvelles.

4. Aux Palatinats. { Électorales, de de Deux-Ponts.

5. Comtés de { Wœrth, Dabo, Lützelstein.

6. Seigneuries diverses { Villé, Barr, Wasselonne, Marlenheim, Marmoutier, Ochsensteim, Hunenbourg, Herrenstein, Oberbronn.
Lichtemberg { Préfectures. Cures féodales.

7. Bourgs de la Cour provinciale: 40 villages.

8. Domaines divers { Des nobles et des églises. Mixtes des villes libres.

NOTE X, *voir la page 28.*

Les historiens ne sont pas d'accord sur la situation du *campus mentitus.* Grandidier le place au pied de la colline de Sigolsheim; Schœpflin indique l'Ochsenfeld, près de Cernay; Laguille désigne la plaine de Rouffach, et Schilter le croit trouver dans le Rothlæublé (*campus rubeus*) dans les environs de Colmar.

NOTE XI, *voir la page 29.*

Ce fragment du serment de Charles-le-Chauve et de Louis-le-Germanique nous a été conservé par Nithard, auteur contemporain. Le voici tel qu'il nous a été transmis:

Serment de Louis « *Pro Deo amur et pro poblo.*

Traduction « Pour l'amour de Dieu et pour le peuple.

Serment de Charles « *In Gottes ind uhr christia-minna nes.*

Christian, et nostro commun saloamento, dist di in
    quant
chrétien, et notre commun salut, de ce jour en avant
    autant que
folches, ind unser, bedherb gehaltnise, fon thesemo
    dage framordes so

Deus sacir et podir me donat, si salvari jo cist meon
    fradre
Dieu savoir et pouvoir me donne, si sauverai-je ce
    mien frère
framt so mir Gott gecisei and mahd furgibit, so halt
    ih thesan minan bruodher

Carlo, et *in adjuda er in cadhuna cosa, si cum*
Charles (Louis), et en aide serai en chacune chose,
    ainsi que
Lodvig . . . . *so so*

hom per dreit, son fradre saloar dist, in o quid il
un homme avec justice, son frère sauver, en ce que il
man mit rehtu, sinan bruodher.. scal, in thi ut er

me altresi faret; et ab Ludher nul plaid nunquam
pour moi ainsi ferait; et avec Lothaire aucun accord
    jamais
mig soso madvo; ind mit Lutheren inno thtng ne

prindrai qui, meon vol, cist meon fradre Karlo
ferai qui, par ma volonté, à ce mien frère Charles
    (Louis)
gegando zhe, minnan willon, thesan minnan bruodher
    Lodwig

in damno sit.
en dommage soit.
ce schaden wehre.

   « Pour l'amour de Dieu et pour le peuple chrétien,
et notre commun salut, à compter de ce jour, autant

que Dieu m'en donnera le savoir et le pouvoir, je sauverai mon frère Charles, et je lui serai en aide en chaque chose, ainsi qu'il convient à tout homme de sauver son frère, et tout ainsi qu'il ferait pour moi ; et je ne ferai avec Lothaire aucun accord qui, par ma volonté, soit préjudiciable à mon frère Charles. »

«In Gottes Liebe und durch des christlichen Volkes, und unser beider Erhaltung, von diesem Tage an, hinfüro so mir Gott Weisheit (Gewissen) und Macht gibt, so halte ich diesen meinen Bruder Ludwig mit der Hülfe in allen Sachen, wie man nach Recht seinem Bruder thun soll, und dass er mir auch so thue, und mit Lotharn in keine Vergleichung (Ding) eingehe, welche mit meinem Willen diesem meinem Bruder Ludwig zu Schaden werde. »

Serment des Seigneurs francs.

« *Si Lodhuigs sacrement*

Traduction.

« Si Louis (Charles) le serment

Serment des Seigneurs allemands

« *Oba Karlo then eid*

que *son fradre Karl jurat, conservat, et Karlus, meas*

que son frère Charles (Louis) jure, observe, et que Charles, mon

then er sinemo bruodher Lodwig geswor, geleistet, inde Lodwig, min

Sendre, de sua part non tœnit; si jo déturnar non l'int pois,

Seigneur, de sa part ne le tienne ; si je détourner ne l'en puis,

herro, den er imo part forlos brichit ; ob inanes irrwenden ne mag.

ne jo, ne neuls cui jo returnar in pois ; in nulla aeuidha

ni moi, ni nuls que je détourner en pourrai ; en aucune aide

ne ih, ne thero them es irrvenden mag ; imo ce follusti

contro Lodwig non li jwer. »
contre Louis (Charles) ne lui sera. »
widhar Karl ne wirdit.

« Si Louis observe le serment que jure son frère
Charles, et que Charles, mon Seigneur, ne le tienne
pas de son côté; si je ne puis l'en détourner, ni moi, ni
aucun de ceux que je pourrai persuader, ne lui seront
aucunement en aide contre Louis. »

« Wenn (Ob) Karl den Eid den sein Bruder Ludwig
geschworen hælt, und dass Ludwig, mein Herr, seiner
Seits, ihn bricht; wenn niemand ihn abwenden kann
(mag), weder ich, noch derjenige den ich überzeugen
kann, so wird ihm niemand helfen wider Karl. »

Note XII, *voir la page 37.*

En 1015, l'évêque Wernher posa la première pierre
de la cathédrale actuelle : il ne fallut pas moins de
huit années pour réunir les matériaux nécessaires à
cette construction grandiose ; ils furent extraits des
belles carrières du Cronthal, près de Wasselonne.
Pendant treize années consécutives plus de cent mille
ouvriers y travaillèrent. Le départ de Wernher pour
Constantinople et sa mort rallentirent la marche des
travaux. On était arrivé, en 1028, au toit.

En 1130, 1140, 1150 et 1176 des incendies endomma-
gèrent considérablement l'édifice.

Conrad de Lichtemberg donna une nouvelle impul-
sion aux travaux de reconstruction. En 1275, Erwin
de Steinbach, de Mayence, construisit la nef et acheva
les voûtes supérieures ; il entreprit ensuite la façade
et les tours, creusa les fondements de la tour septen-
trionale.

En 1279, 1289 et 1291 de forts tremblements de terre
ébranlèrent l'édifice.

En 1291, l'évêque Conrad fit poser d... .. niches
du premier étage des contreforts les stat... equestres
de Clovis, de Dagobert et de Rodo... Celle de
Louis XIV y fut placée en 1823.

Erwin mourut en 1318. Son fils Jean prit la direction

des travaux, et sa fille Sabine sculpta plusieurs statues qui ornent le monument : deux de ces statues, représentant l'ancien et le nouveau testament, se trouvent à la porte de l'horloge. Jean m⸱ ⸱rut en 1339. On ignore le nom de l'artiste auquel est dû le plan de la pyramide et de la flèche de la tour. Ulric d'Ensingen dirigea la construction depuis 1398 jusqu'en 1419 où Jean Hültz de Cologne continua les travaux, et acheva (1439) la flèche dont la première pierre avait été posée 162 ans auparavant par l'évêque Conrad de Lichtemberg.

Des orages et des incendies causèrent des dommages plus ou moins considérables en 1540, 1555, 1568, 1624 et 1625. En 1654, la flèche fut abattue par la foudre ; l'architecte Heckler la reconstruisit à une hauteur de 65 pieds.

Le tremblement de terre de 1728 qui causa tant de dégâts à Strasbourg, épargna la cathédrale. En 1759, la foudre y tomba ; l'incendie fut si violent que le plomb de la toiture tomba en cascade. Depuis on refit la couverture en cuivre.

En 1793, le vandalisme révolutionnaire abattit 235 statues de saints et de rois. Le jacobin Téterel proposa même d'abattre la flèche, sous prétexte que, par son élévation, elle était une insulte à l'égalité. Le bonnet phrygien en fer-blanc dont on la coiffa, sauva le monument du désastre dont il était menacé.

Le bombardement de 1870 endommagea beaucoup l'édifice : nombre de clochetons furent brisés.

La hauteur totale de l'édifice est de 142 mètres 112.

Les superbes vitraux qui décorent l'intérieur sont dus à maître Jean de Kirchheim (1348), à Jean Margraff, à Jacques Vischer et aux frères Link.

Le premier orgue fut posé, en 1260, par Ulric Engelbrecht, disciple d'Albert-le-Grand. Nicolas Karl, charpentier et architecte, en construisit un second, l'année 1327 ; Frédéric Krebser d'Anspach posa (1489) celui que Antoine Silbermann remplaça en 1714. Ce dernier, véritable perfection du genre, contient 49 registres et 2,242 tuyaux dont le plus grand, d'une longueur de 28 pieds et d'un diamètre d'un pied, pèse 170 kilogrammes.

Le baptistère fut fait par Jost Dotzinger, de Worms (1453).

La magnifique chaire est due au ciseau de J. Hammerer. Ce chef-d'œuvre fut posé, en 1486, pour le célèbre prédicateur Jean Geiler de Kaysersberg.

En 1352, Berthold de Buscheck fit construire une horloge astronomique. Le mouvement de cette œuvre s'étant arrêté, on la remplaça (1547) par une autre sur les plans de Michel Her, Chrétien Herlin et Nicolas Prugner. Retouché par Conrad Dasypodius, ce plan fut exécuté par Isaac et Josias Habrecht de Schaffhouse, en 1570. Elle cessa de marcher en 1789. Enfin J.-B. Schwilgué, de Schlestadt, entreprit (1838) et acheva (1842) le chef-d'œuvre de mécanique qui fait aujourd'hui l'admiration du visiteur.

NOTE XIII, *voir la page 39.*

La mise au ban de l'Empire n'était pas l'exil, pas la malédiction, pas même la mort civile; elle était tout cela en même temps. Elle rejetait l'homme hors de la patrie, hors du monde, hors de l'humanité, elle brisait pour lui tous les liens de la vie civile et morale, elle le vouait aux dieux infernaux, le jetait vivant en pâture aux oiseaux de proie et aux bêtes des forêts, elle le réduisait à l'état de la brute, sans asile, sans refuge; elle en faisait, d'après l'expression énergique de quelques peuples du Nord, l'homme sauvage, l'homme-loup. La terreur le suivait partout, il ne lui restait pas même la pitié, cette consolation des malheureux et des exilés. L'on pourrait dire que, pour l'homme social, cette peine terrible, sans être encore la mort, n'était déjà plus la vie. (Boyer, Rodolphe de Habsbourg, p. 262).

NOTE XIV, *voir la page 39.*

Eguisheim et Dabo se disputent l'honneur d'avoir vu naître saint Léon IX. Les deux localités se fondent sur une expression de Wibertus : « *in finibus dulcis Elizatiæ,* sur les confins de la douce Alsace, » expression qui n'éclaircit rien, car elle peut parfaitement s'appliquer aux deux.

NOTE XV, *voir la page 50.*

« Semblable à une abeille, dit Herrade dans son introduction au Jardin des délices, j'ai tiré le suc des fleurs de l'Ecriture et de la philosophie ; j'en ai formé un seul rayon de miel en l'honneur du Christ, à la gloire de l'Eglise, et en vue de vous réjouir ». Voici une de ces odes suaves où Herrade s'adresse à ses religieuses :

«Salve, cohors virginum
Hohenburgensium,
Albens quasi lilium,
Amans Dei Filium. »
« Hcrrat devotissima,
Tua fidelissima,
Mater et ancillula
Cantat tibi cantica. »

« Je vous salue, phalange des vierges de Hohenbourg, vous qui êtes blanches comme le lis, vous qui aimez le Fils de Dieu.

« Herrade, qui vous est dévouée, votre très-fidèle mère et servante, vous chante ses cantiques ».

NOTE XVI, *voir la page 53.*

Les villes impériales dépendaient du domaine de l'empereur et se trouvaient placées sous sa protection immédiate. Les autres cités, appelées provinciales, relevaient de leurs seigneurs respectifs. Dès le Xe siècle il existait des villes impériales.

NOTE XVII, *voir la page 72.*

Cette bannière ne marchait pas seulement près de l'aigle impériale, mais à côté, sur la même ligne et déployée, comme le dit Kœnigshoffen : « Ihr offen Panir by und neben dem Reichs-Adler. » Voici la description de cette bannière : Elle était en taffetas double, moitié blanche, moitié rouge, haute de 7 1/2 aunes, large de 6 1/2, bordée d'or pur pour une valeur de 80 ducats, représentant au milieu d'une couronne de lis, la Vierge Marie, assise dans un fauteuil de couleur verte et orné de feuillage doré, les bras ouverts et tendus vers le ciel, et sur ses genoux l'enfant Jésus les deux doigts de la main droite levés et de la main gauche tenant un lis. D'un côté de cette bannière on lisait : « Venite ad Puerum Christum omnes qui onerati estis », et de l'autre ces autres paroles : « A solo Christo victoria ». (Kœnigshoffen, p. 1103).

NOTE XVIII, *voir la page 84.*

Schilter nous décrit ainsi cette singulière maladie :
    « Viel hundert fiengen zu Strassburg an
    « Zu tanzen und springen, Frau und Mann,
    « An offenem Markt, Gassen und Strassen,
    « Tag und Nacht, ihrer viel nicht assen,
    « Bis ihnen das Wüthen wieder gelag,
    « Sant-Veits Tanz ward genant die Plag ».
        (Schilter, chron. de Kœnigshoffen, p. 1029).

NOTE XIX, *voir la page 87.*

Par cet acte, Charles VII ne cherchait rien moins que la revendication des « limites naturelles de la France, limites dont elle avait été dépouillée, et qui allaient jadis jusqu'au fleuve du Rhin. » (Barante, Hist. des ducs de Bourgogne, 1444). Le Rhin était regardé de tous temps comme frontière entre la Gaule et la Germanie, si bien que nous lisons dans la chronique *De gestis Frederici I* d'Othon de Freisingen, du XIIIe siècle : « In civitate Galliæ, Moguntia (Mayence) ; in Gallia civitatem Spiram (Spire). »

NOTE XX, *voir la page 88.*

Ainsi vingt ans avant la célèbre défense de Beauvais par Jeanne Hachette et ses compagnes, nos braves Alsaciennes avaient déjà eu la gloire d'avoir lutté pour préserver leurs foyers de l'invasion ennemie.

NOTE XXI, *voir la page 95.*

Ces tribunaux secrets, connus sous le nom de

Vehmgericht, étaient des cours de justice criminelle supérieure, instituées dans le principe pour servir de défense à l'innocent hors d'état d'obtenir justice. Présidée par le franc-comte, franc-juge (Freigraf) et les francs-échevins (Freischœffen), la Sainte-Vehme, à la procédure sinistre, dont les sentences étaient sans appel, malgré son but louable et le bien qu'elle pouvait faire et avait fait pendant les XIVᵉ et XVᵉ siècles, avait dégénéré et était devenue la terreur de l'innocent aussi bien que du coupable, objet d'horreur et d'exécration pour tout le monde. Ces tribunaux avaient primitivement leur siége en Westphalie avant de se répandre dans le reste de l'Allemagne, d'où leur était venu le nom de Cours westphaliennes. Ils furent supprimés en suite du Landfrieden conclu entre les villes et les seigneurs, paix qui interdisait les guerres privées.

NOTE XXII, *voir la page 103.*

« I:: diesem Jahr 1560, uff Sonntag den 18. August, « hat man angefangen das Münster den ganzen Tag « zugeschlossen zu halten..., und ist interdess œd und « wüst gelegen, wie reverenter ein Schweinstall. » (Monum. argent. T. I, fol. 24 b).

NOTE XXIII, *voir la page 117.*

Le serment exigé fut prêté en ces termes : « Nous « promettons à sa sacrée et royale Majesté de France « et de Navarre, que nous lui rendrons avec fidélité « tout ce que nous sommes tenus de lui rendre, en « vertu de la pacification de Münster ; et de plus, que « nous reconnaîtrons le très-haut Seigneur, duc de « Mazarin, pour notre grand-bailli, et que nous lui « rendrons obéissance en toute chose convenable. »

NOTE XXIV, *voir la page 117.*

D'après l'intendant Lagrange, l'Alsace avec ses possessions d'outre-Rhin monta, en 1697, à 267,000 habitants, savoir : 171,792 catholiques, 81,546 protestants et 3,665 juifs.

NOTE XXV, *voir la page 120.*

Nous donnons ici, d'après Laguille, la substance de la capitulation de Strasbourg : « Il est dit dans l'article 1er que la ville de Strasbourg, à l'exemple de l'évêque, du comte de Hanau, du baron de Fleckenstein et de la noblesse de la Basse-Alsace, reconnait Sa Majesté très-chrétienne pour son souverain seigneur et protecteur. Sa Majesté confirme ensuite tous les anciens priviléges, droits et statuts de cette ville, elle lui laisse l'exercice libre de la religion avec toutes les églises, écoles, biens ecclésiastiques, fondations et couvents, et promet de ne permettre à qui que ce soit d'y faire aucune prétention, à savoir, sur l'abbaye de Saint-Etienne, le Chapitre de Saint-Thomas, Saint-Marc et Saint-Guillaume et Tous-les-Saints et autres compris et non compris. Le roi accorde cet article suivant qu'il est prescrit par le traité de Munster à la réserve de la cathédrale qui sera rendue aux catholiques. Par le 4e article Sa Majesté laisse les magistrats dans tous leurs droits avec la libre élection de leurs collèges, le couvent ou consistoire ecclésiastique, l'université, les tribus, les maitrises, la juridiction criminelle et civile, à la réserve que pour les autres causes qui excèderont mille livres de France, on pourra en appeler au conseil de Brisach. Le roi accorde encore à la ville tous ses revenus, droits, péages, douanes, monnaie, mais il veut que les canons, munitions, armes des magasins publics soient remis entre les mains des officiers de Sa Majesté. De plus, la bourgeoisie demeure exempte de toute contribution et autres paiements. Elle aura la libre jouissance du pont du Rhin et de toutes les villes, bourgs et villages qui lui appartiennent. On lui permit enfin de faire bâtir des casernes pour y loger les troupes qui y seront en garnison. »

NOTE XXVI, *voir la page 120.*

On fit frapper une médaille, sur laquelle était représenté le Rhin appuyé sur son urne, tenant une corne d'abondance, et, dans le lointain, le profil de la cathé-

drale, avec ces mots dans l'exergue : «Sacra restituta»
et au-dessous: «Argentoratum receptum MDCLXXXI.»

Note XXVII, *voir la page 128.*

Kellermann naquit le 28 mai 1735, à Strasbourg,
d'une famille d'origine saxonne. Il fut hussard
français (1752), maréchal de camp (1788), général de
division (1792), président de la chambre des Anciens
(1801), sénateur et duc de Valmy (1808), commandant
de la réserve du Rhin (1809-1814). Il voulut que son
cœur fût enterré à Valmy et que l'inscription suivante
fût gravée sur le mausolée : « Ici sont morts glorieuse-
ment les braves qui ont sauvé la France au 20 septembre 1792. Un soldat qui avait l'honneur de les commander dans cette mémorable journée, le maréchal
Kellermann, duc de Valmy, dictant après vingt-deux
ans ses dernières volontés, a voulu que son cœur fût
placé au milieu d'eux (1820). »

Note XXVIII, *voir la page 130.*

Le *Moniteur* nous fait connaître les opérations des
citoyens commissaires en Alsace. Quelques extraits
de leurs écrits suffiront pour les juger. Robespierre ra-
conte à la Convention les exploits de Saint-Just et de
Lebas dans le Bas-Rhin :

« Ils ont, dit-il, parcouru ce département, établi une
commission militaire, et tout aristocrate municipal,
judiciaire ou militaire, a été condamné à mort. Les
riches ont été les premiers à les entourer et à protester
de leur dévouement. On les a pris au mot, et un arrêté
a été pris, portant : « Il sera levé dix millions sur les
riches. » Cela a réveillé la force révolutionnaire et
l'énergie patriotique. Les aristocrates ont été guillo-
tinés, à commencer par les banquiers du roi de Prusse.»
(*Monit.*, du 4 frim., an II, 24 novembre 1793.)

« La guillotine va toujours son train ici. Une ving-
taine de Jacobins de différents départements sont arrivés à Strasbourg... Déjà ils ont remplacé l'autel des
prêtres de la cathédrale par l'autel de la patrie ; ils
vont démuscadiner la société populaire, et bientôt on

dira : Strasbourg fut aristocrate. » Signé Delcambe. *Monit.* du 5 frim., an II.)

« Plus de modération ! la République ou la mort ! Terrasser nos ennemis, les prêtres contre-révolutionnaires, surveiller les juifs, faire approvisionner les marchés, procurer la valeur réelle aux assignats, telles sont nos occupations. » (Delâtre, à l'installation de la commission révolutionnaire à Colmar, 6 ventôse, an II.)

« Sainte guillotine est dans la plus brillante activité, et la bienfaisante terreur produit ici d'une manière miraculeuse ce qu'on ne devait espérer d'un siècle au moins par la raison et la philosophie ». Signé Gatteau.

« Le moment de la justice terrible est arrivé, et toutes les têtes coupables doivent passer sous le niveau national. » (Rapport de Courtois.)

« Quant aux aristocrates et aux f... Alsaciens, nous vous promettons d'en avoir soin, et sans la loi du tribunal révolutionnaire qui nous lie les bras, nous en aurions déjà fait une jolie fricassée ; mais ils ne perdront rien pour attendre, parce que nous espérons que vous nous ferez donner des pouvoirs extraordinaires pour franciser ces coquins. » (*Monit.* du 18 prairial, an III, 6 juin 1794.)

« J'ai pris toutes les mesures possibles pour élever le Haut-Rhin au niveau de la République. J'ai suspendu le département, créé une commission ; j'ai obligé la société populaire à se régénérer ; j'ai cassé les comités de surveillance, et je les ai remplacés par des sans-culottes ; j'ai organisé le mouvement de la terreur qui seul pouvait consolider la République ; j'ai créé un comité central d'activité révolutionnaire, une force révolutionnaire détachée de l'armée et qui parcourt le département, un tribunal révolutionnaire qui mettra le pays à la raison... Je prépare une fête à la Raison, conquête sur la plus profonde ignorance, sur le fanatisme le plus enraciné..... Blotzheim le 7 frim., an II. Signé Hérault-Séchelles. » (*Monit.* du 15 frim., an II, 5 décembre 1793).

« Nous vous invitons, citoyens, à nous rendre
compte du résultat de la levée des scellés apposés sur
les papiers des notaires, banquiers, agents de change
et autres scélérats que vous avez fait arrêter, afin de
faire alimenter la guillotine par la chute de leurs têtes,
et de donner par là l'exemple terrible de la vengeance
nationale, dont les conspirateurs vont être bientôt
atteints, et afin de faire porter à la Convention nationale tous les trésors. » Milhaud et Guyardin au comité
de surveillance du Bas-Rhin, 18 brum., an II. (*Monit.*
du 11. fruct., an V.)

Nous nous bornons à ces quelques citations qui jet-
tent bien assez de lumière sur les opérations de nos
héros révolutionnaires, qui, dans leur délire, préten-
daient affranchir le peuple de tous les maux.

NOTE XXIX, *voir la page 131.*

Schneider fut condamné à mort le 12 germinal, an II,
par un jugement du tribunal révolutionnaire de Paris,
ainsi conçu : « Euloge Schneider, âgé de 37 ans, natif
« de Wippfeld, prêtre allemand, vicaire épiscopal de
« Strasbourg, ci-devant accusateur public auprès du
« tribunal criminel du Bas-Rhin, commissaire civil à
« l'armée révolutionnaire, convaincu de manœuvres
« tendantes à favoriser les projets hostiles des enne-
« mis intérieurs et extérieurs, a été condamné à la
« peine de mort. » (*Monit.* du 21 germ., an II), con-
damnation qui, pour avoir frappé le plus affreux des
scélérats, n'en fut pas moins inique dans ses motifs
comme dans ses auteurs; car ceux-ci ne purent la
baser que sur des délits également faux et absurdes,
comme s'il leur avait été impossible de découvrir une
seule tache dans la vie d'un tel monstre, et de trouver
quelque motif tant soit peu plausible pour colorer la
justice de leur sentence. En effet, un tribunal établi
pour égorger l'innocence devait se trouver embarrassé
quand on lui donnait des scélérats à condamner ; et,
lorsque cela lui est arrivé, il ne faisait que sacrifier
des monstres à des monstres, livrant les uns aux res-
sentiments particuliers ou aux ambitions rivales des

autres. (Les missionnaires de 93, note de la page 282, 1820).

NOTE XXX, *voir la page 134.*

Le délire révolutionnaire, qui avait renversé toutes les institutions et fait passer tout sous le niveau national, devait trouver le calendrier trop peu en harmonie avec les idées nouvelles. La Convention dota donc la France d'une de ces élucubrations comme elle savait en enfanter. Une ère nouvelle commençait, l'ère de la liberté : C'était l'an Ier, commençant le 22 septembre 1792, jour de la proclamation de la République. L'année se divisait en 12 mois de 30 jours, et de 5 jours supplémentaires, appelés sans-culottides. La semaine, désormais de 10 jours, formait la décade. L'ancienne appellation des jours était remplacée par la suivante plus harmonieuse : *Primidi, duodi, tridi, quartidi, quintidi, sextidi, octidi, nonidi, decadi.* Ce dernier était devenu le jour du repos. Les mois étaient : Vendémiaire (22 sept. au 22 oct.), Brumaire, Frimaire ; Nivôse, Pluviôse, Ventôse ; Germinal, Floréal, Prairial ; Messidor, Thermidor, Fructidor. Ce calendrier étrange resta en usage dans toute la France jusqu'au 1er janvier 1806. On était arrivé à l'an XI.

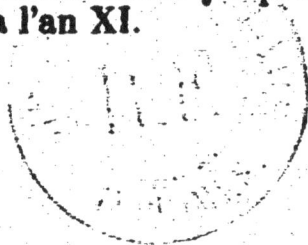

TABLE DES MATIÈRES.

———

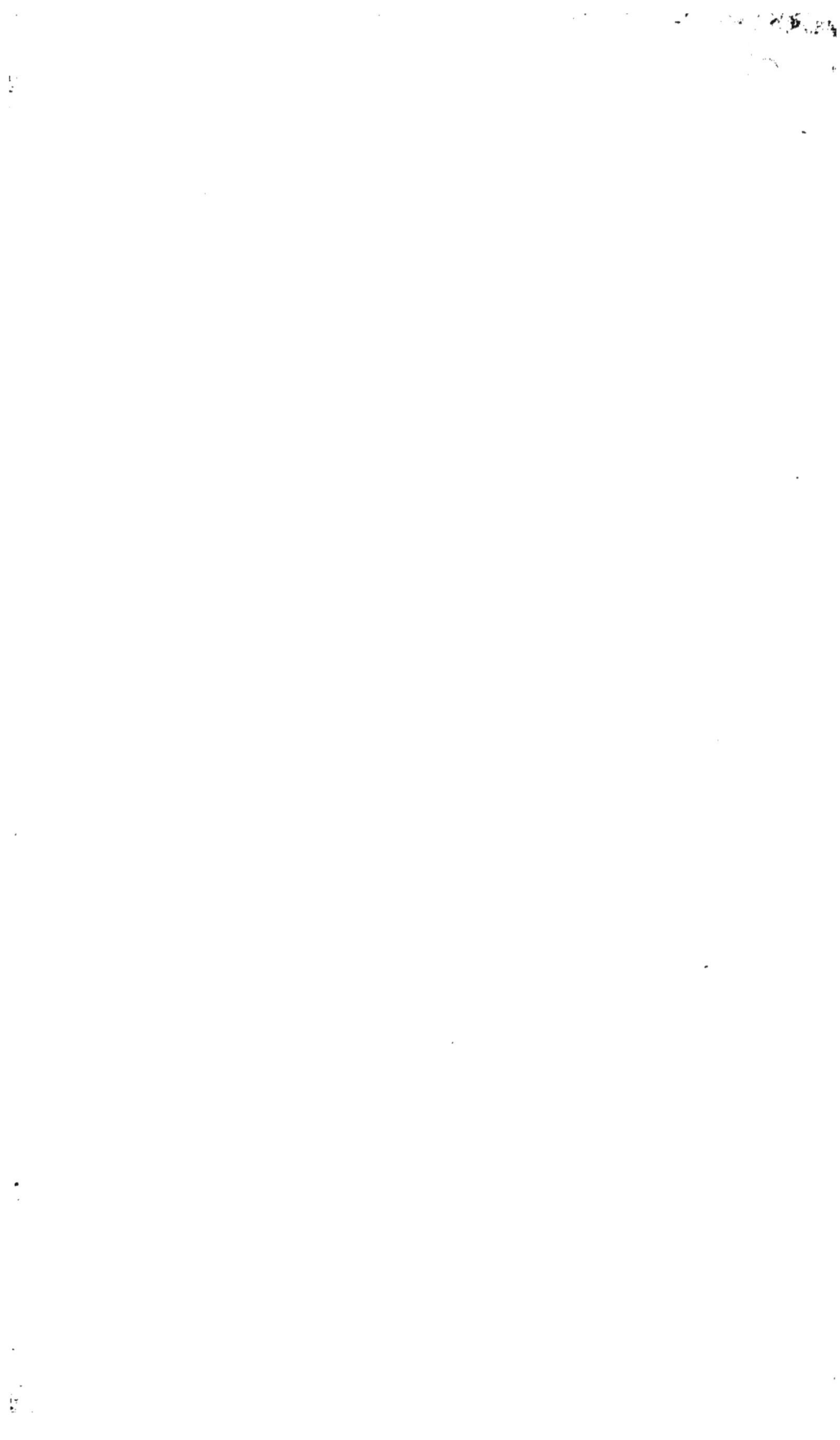

www.ingramcontent.com/pod-product-compliance
Lightning Source LLC
Chambersburg PA
CBHW072038090426
42733CB00032B/1858